L'INDIVIDUALITÉ
DANS LA PHILOSOPHIE DE BERGSON

DU MÊME AUTEUR

La découverte du régime présidentiel. Paris, Librairie Générale de Droit et de Jurisprudence, 1968, in-8 de 412 pages.

Inexécution et résolution en Droit anglais. Paris, Librairie Générale de Droit et de Jurisprudence, 1968, in-8 de 250 pages.

LOCKE – *Deuxième traité du gouvernement civil. Constitutions fondamentales de la Caroline. Résumé du premier traité du gouvernement civil.* Introduction, traduction et notes. Paris, Vrin, 2ème éd. 1977, in-8 de 256 pages.

The Conceptual System of Sovereign Equality, Louvain, Peeters, 1984, in-8 de 614 pages.

BIBLIOTHÈQUE D'HISTOIRE DE LA PHILOSOPHIE

L'INDIVIDUALITÉ DANS LA PHILOSOPHIE DE BERGSON

par

Bernard GILSON

2e édition revue et complétée

PARIS
LIBRAIRIE PHILOSOPHIQUE J. VRIN
6, PLACE DE LA SORBONNE, V[e]

1985

ISBN 2-7116-0275-3

I

LE PROBLEME DE L'INDIVIDUALITE

Qu'est-ce que le problème de l'individualité ? Comment se présente-t-il dans la philosophie de Bergson ? Pour répondre provisoirement à ces deux questions, il faut partir d'une constatation générale. L'individualité apparaît comme un fait de l'expérience commune et l'on distingue, dans la continuité du monde et celle de la pensée, des éléments plus ou moins discontinus. L'individualité la plus visible est celle de l'être vivant : un arbre, un animal, sont des individus. La mieux connue est, pour chaque être humain, la sienne propre, qu'il connaît à la fois, comme on le dit souvent, « du dedans et du dehors ». L'homme est un individu et même une personne. Il y a d'autres unités. Les astres, un lac, une île, plus encore les objets fabriqués, possèdent une unité et se présentent comme des sortes d'individus. Les couleurs de l'arc-en-ciel, l'état solide ou liquide, les qualités reconnaissables dans les choses s'y distinguent comme autant d'aspects. Les processus de la nature, tels que le jour ou la nuit, la chute d'un fruit, le commencement et la fin de la pluie, se séparent d'autres évènements. Il en va de même des actes humains, par exemple un repas, une « partie » d'un jeu. L'esprit peut concevoir le monde, à la fois continu et discontinu, comme un ensemble d'éléments dont chacun est plus ou moins un.

A ce point, commence le problème philosophique. Parménide affirmait la réalité de l'un. Platon retrace les étapes d'une enquête dialectique relative à l'un sous le nom de Parménide et l'ambiguïté apparaît en pleine lumière. L'un dans le monde est le corrélatif inéluctable du multiple et les êtres sont configurés comme si l'un était et n'était pas. Or l'un, en lui-même, n'est le corrélatif de rien. Il y a donc une idée de l'un qui exclut la corrélation et une qui l'inclut. Aucune réalité connue n'indique le moyen de ramener la seconde idée à la première. Faut-il douter de toute vérité, quitter la réflexion philosophique pour des tâches plus humaines ? Le problème peut être repris. Plotin veut rattacher le multiple à l'un qui est vraiment un (1). D'autres veulent savoir si l'un vient de l'être ou du non-être. La dialectique moderne donne un sens nouveau à l'ancienne : les hypothèses ne sont plus des exercices, ni des thèses d'écoles qui se livrent une polémique. L'esprit progresse de concept en concept, de position en position.

A chaque idée, comme à chaque chose, on attribue une unité rationnelle, qui tire des faits une justification approximative. Cela permet d'exprimer certaines relations logiques par des signes abstraits. Si telle idée est A, toute idée différente B est non A. Il reste quelque lien entre A et B, sinon il n'existerait pas de pensée conjointe de ces deux termes. Le même sujet pense A et B, ou le sujet pensant attribue à quelque sujet extérieur, par exemple une quantité d'eau, la qualité A, par exemple l'état liquide, puis la qualité B, par exemple l'état solide si l'eau s'est prise en glace.

A partir de la réflexion sur le caractère relatif de toute individualité, qui contredit le reste du monde dans la continuité duquel elle s'insère, on arrive à se demander s'il n'existe pas une unité suprême, qui s'identifierait à la réalité. Là, les symboles au second degré ne suffisent plus. Il faut revenir au langage ordinaire. L'unité que constitue le monde a en commun l'être. Du point de vue de la réflexion humaine, il est permis de définir l'être, selon la formule de Hegel, comme l'absence totale de détermination. Du point de vue du monde que la réflexion cherche à connaître, cette formule ne suffit plus. L'être infini à l'état pur dépasse l'esprit humain encore plus que le néant. Comme l'être en général est univoque, son concept humain désigne n'importe quelle réalité sans se référer à aucune. S'il n'est tout un tel être n'est rien sauf une déchéance de l'être à l'état pur. Dès qu'il devient quelque chose, sa réalité concrète l'apparente à tous les autres êtres par analogie. La réalité en devenir se situe logiquement, entre l'être et le néant, mais ne peut s'échelonner réellement qu'entre l'être à l'état pur et le moindre des êtres qui ne se dissout pas dans le néant. Le problème de l'individualité consiste à distinguer les entités réparties entre les degrés de cet échelonnement possible, compte tenu de l'échelonnement logique.

Bergson n'a pas écrit de livre sur l'individualité. Il en aborde le problème, d'une manière ou d'une autre, dans tous ses livres. On peut être tenté d'essayer d'œuvrer en « disciple ». On pourrait isoler et rassembler tout ce que Bergson a écrit sur l'individualité pour en mettre au jour la cohérence et, à partir de là, reconstituer une étude

1. La philosophie grecque a influencé Bergson qui l'a enseignée au Collège de France et qui y renvoie dans *L'évolution créatrice* notamment en note p. 211. Sur cet aspect de son œuvre, cf. Mossé-Bastide (Mme R-M), *Bergson et Plotin*, Paris 1959.

suivie aussi conforme que possible à la pensée bergsonienne. Les raisons de ne pas suivre ce procédé sont impérieuses. Il faut ou se contenter d'un compte-rendu fidèle, ou chercher en quoi les vues de Bergson éclairent les problèmes philosophiques. Autant que possible, on va s'efforcer, selon cette seconde conception, de dégager les enseignements des textes étudiés. Ce faisant, il faudra situer Bergson dans un monde philosophique où lui-même et ses lecteurs ne restent pas en tête-à-tête, mais où d'autre auteurs, d'autre textes tiendront une place. Parfois, le mérite principal des textes extérieurs est d'éclairer directement les problèmes et l'on cherche alors à situer Bergson moins dans l'histoire que par rapport à ce qu'une formule heureuse a défini comme « l'unité de l'expérience philosophique ». (1)

Bergson a commencé à écrire environ trois quart de siècle ou un siècle après la parution des grandes œuvres de l'idéalisme. Celles-ci semblaient exprimer l'état le plus récent de la philosophie traditionnelle, de celle qui remontait aux présocratiques pour se perpétuer après Schopenhauer. Les modernes classiques tenaient toujours une place importante. A côté des cartésiens, Locke offrait une étude concrète de la raison abstraite et, notamment, du problème de l'individualité. Selon lui l'existence même de tout être déterminé constituait le « principium individuationis ».

Kant marquait, comme avant lui Descartes, un tournant de l'évolution philosophique. L'idéalisme kantien se déclarait critique. Le sujet pensant découvrait les phénomènes sans atteindre la chose en soi. L'unité de l'aperception du sujet transcendantal, distincte du sens interne, opérait une synthèse. Le sujet appréhendait intuitivement l'espace et le temps, formes a priori de la sensibilité et, à travers ce cadre, la diversité sensible. Il unifiait son imagination d'abord aveugle et édifait le support concret de sa pensée. Par l'entendement, il unifait jugements et concepts. Il parvenait à saisir le système de sa propre Raison transcendantale, de ses facultés logiques pures, qui participaient de l'ordre du monde. Les jugements étaient notamment affirmatifs, négatifs, ou infinis. Ces derniers affirmaient la non-appartenance à une catégorie : l'esprit distinguait idéalement l'affirmation d'une différence de détermination de celle d'une détermination différente. Au delà de l'expérience réelle ou possible, la Raison cherchait à saisir les idées : l'unité du sujet, celle des conditions de la série des phénomènes et celle des conditions de toute réalité. Elles aboutissaient au paralogisme, à l'antinomie et à l'idéal respectivement.

1. Cf. Gilson (Étienne), *The Unity of Philosophical Experience*, New-York, 1937.

La Raison pratique, cependant, réussissait là où échouait la Raison spéculative. L'ordre de la liberté morale était irréductible à l'ordre de la nécessité naturelle, mais devait s'imposer. La forme de la loi universelle, si la maxime matérielle et spéciale de l'action se prêtait à l'assumer, réalisait une transcendance.

Fichte acceptait d'abord le système de Kant, mais voulait rétablir l'unité du moi rationnel spéculatif et pratique et, persuadé de l'impossibilité, pour la conscience, de sortir d'elle-même, postulait une communication entre le moi logique et un moi absolu. Dans ce moi, il découpait le monde et reliait le moi fini au monde extérieur. Le moi absolu servait ainsi de milieu commun à toutes les déterminations. Il appréhendait un monde de déterminations spirituelles et matérielles selon la progression dialectique de l'opposition et de la synthèse. Fichte hésitait entre une théologie naturelle qui rattachait le monde à Dieu par l'idée de loi et une inquiétude métaphysique plus prudente. Développant ce point de vue d'inquiétude dans son livre *Die Bestimmung des Menschen,* il décrivait la situation d'êtres rationnels en conflit, pour qui, malgré des progrès, le triomphe de la Raison restait, en fin de compte, un postulat.

Schelling partait du moi de Fichte, mais surtout afin de s'en écarter en remontant à sa source ou en l'étendant au dehors. D'une certaine manière, il s'emparait de l'Absolu, qu'il décrivait comme une divinité imaginaire calquée sur la Raison humaine. D'autre part, il développait la dialectique de la réalité finie et, dans cette perspective, établissait un double système en partant, soit du moi, soit de l'objet que le moi s'était donné. La philosophie de l'esprit et celle de la nature se complétaient mutuellement. Schellling compensait son penchant pour la fabulation théologique par un souci accru du concret. Ce n'est pas à la légère qu'il incluait de la science dans la philosophie. Il s'imposa même l'effort de mener à bien des études médicales. Néanmoins la science de Schelling, comme sa théologie, restait romancée. A travers son panthéisme à dimensions variables, s'affirmait la volonté de réaliser un idéal intellectuel, celui d'une synthèse entre l'esprit et la nature, où s'inscrivaient les acquisitions du progrès scientifique.

Le premier en date des émules de Schelling et, d'ailleurs, son aîné, était Hegel. Comme Kant et Fichte, Hegel restait surtout un logicien. Il partait de la dialectique fichtéenne et, comme Schelling, voulait sortir du moi. Au lieu de poser un Absolu, il préférait construire un système qui assumât toutes les contradictions du monde connu de l'esprit humain. Ce système de développement spirituel restait sous le couvert de la médiation dialectique. Dans un labyrinthe de points de vue successifs, dont le lecteur ne peut suivre le fil aussi bien que Hegel lui--même, le devenir progressait de synthèse en synthèse et chaque changement contredisait la détermination précédente. L'interprétation de la synthèse incessante amenait Hegel à étudier la nature de l'infini et son rôle dans la création du monde. Logicien de la dialectique, Hegel indiquait les considérations qui le séparaient de l'attitude de Jacobi. Celui-ci, pour atteindre l'infini, passait de la Raison au sentiment. Hegel voulait s'identifier à l'œuvre de l'infini dans ce monde. C'est une erreur, expliquait-il, d'interpréter le changement comme la seule insatisfaction d'un infini latent emprisonné dans la détermination finie. Le déterminé pris en lui-même est et reste fini. Quand il change, le mouvement dialectique se présente, en un sens, comme un « mauvais infini », c'est-à-dire comme l'illusion d'échapper à la finitude en rejetant sa détermination la plus récente. En réalité, le changement est d'abord infini en un sens logique emprunté à Kant, par la simple exclusion de la détermination antérieure. De là, le changement devient position d'une finitude nouvelle et exprime alors le « bon infini ». Le changement se justifie par l'apport, fini mais voulu pour lui-même, donc provisoirement positif, qui en constitue la nouveauté. De contradiction en contradiction, les concepts accèdent au statut supérieur de l'Idée, qui accomplit le progrès d'une science dynamique et acquiert la conscience d'elle-même à travers les hommes qui l'expriment. Parfois, Hegel inclinait à croire que l'idée procédait de Dieu. Sinon, il se repliait sur un Panthéisme critique et n'attribuait à l'Idée que la valeur de la détermination la plus haute.

Schopenhauer rompait avec les autres post-kantiens. Il définissait le monde comme volonté et représentation. Dans ce système, il exposait comment le sujet, par la sensibilité et l'entendement, puis par la raison réflexive, appréhende des objets soumis au principe de raison suffisante. Ce principe d'explication par une raison déterminante prend diverses configurations. Les formes du temps, ou succession, et de l'espace, ou situation, doivent s'appliquer non pas à l'état pur, mais conjointement, pour rendre possibles la substance matérielle et la causalité. La coexistence spatiale permet d'apprécier le changement temporel par rapport à la durée de ce qui ne change pas, ou l'inverse (1). Le principe de raison suffisante prend aussi la configuration de la représentation de soi de la volonté motivée. Le sujet se connaît par la médiation de son corps, qu'il se représente comme objet et qu'il vit du dedans. La volonté comme telle doit au sens interne une certitude d'elle-même immédiate et antérieure à toute distinction entre sujet et objet (2). A l'égal du sujet de la représentation elle appartient à un autre ordre que le principe de raison suffisante. Elle est la chose en soi. Le moi réunit donc

1. *Die Welt als Wille und Vorstellung, Erstes Buch,* par. 4.
2. *Ibid., Zweites Buch,* par. 21.

le sens de la volonté en exercice, le sujet de la représentation et la représentation du corps comme objet médiateur de signification phénoménale. Schopenhauer érige la volonté aveugle en moteur du monde. La volonté s'objective dans les idées ou objet adéquat intelligible. Elle s'engage dans la nature. Au niveau humain, elle anime le moi qui persiste et résiste au flux du temps pendant la vie du corps. Le moi volonté s'objective à travers les idées de l'espèce humaine et du caractère. Le moi sujet de la représentation peut atteindre, s'il s'efface, à la contemplation des idées. Le moi objet obéit à la causalité. L'intériorité et l'extériorité s'organisent comme une dislocation savante.

Sur une ligne d'évolution différente, le positivisme de Comte reprenait l'idée d'un ordre général des connaissances. Ravaisson étudiait l'habitude. Spencer proposait son système de « philosophie synthétique ».

Voilà dans quel monde Bergson a commencé à réfléchir et, quand il commence à écrire, il présume que chacun de ses lecteurs connaît déjà Spencer. Il cherche à faire progresser à la fois la métaphysique et la théorie de la nature. Le point de convergence de ses travaux n'est pas un système absolument unifié, mais une contribution au système général d'une connaissance hautement philosophique, et conforme aux faits avérés de l'expérience et de l'expérimentation. La psychologie et les sciences de la nature constituent, pour lui, les données d'une pensée qu'il conçoit comme un empirisme intégral, mais empirique tout de même.

Bergson a commencé son œuvre par une étude psychologique dans laquelle il a voulu surtout étudier la liberté. Il y aborde, par la même occasion, le problème de l'individualité. C'est aussi là qu'on peut déjà découvrir quels en sont, selon lui, les aspects essentiels.

L'*Essai sur les données immédiates de la conscience* pose une distinction pour établir un double régime de l'individualité. D'un côté, il y a la continuité qualitative de l'intériorité, de l'autre, la discontinuité quantitative de l'extériorité. Le moi est un, l'unité arithmétique est une. Il ne s'agit cependant pas de la même unité.

Comment le moi qui est un se définit-il ? Bergson ne le définit pas, mais le décrit à travers les états de conscience dont les transformations sont la trame de la vie individuelle. La catégorie des états de conscience est la plus générale. On peut la comparer aux éléments distingués par Descartes dans la « chose qui pense » : « une chose qui doute, qui conçoit, qui affirme, qui nie, qui veut, qui ne veut pas, qui imagine aussi, et qui sent » (1). Bergson retient certaines

1. Descartes (R.), *Méditations touchant la première philosophie, Méditation seconde.*

de ces opérations, mais dans l'ordre inverse : « sensations, sentiments, passions, efforts » (1). Il les distingue par rapport au critère de la qualité, non de la pensée rationnelle. La conscience qu'il étudie émerge de ce que Schopenhauer appelle le « sens interne » et l'amplifie en partant des manifestations les plus qualitatives de la conscience pour atteindre la volonté. Cependant, ces manifestations ne restent pas élémentaires et la conscience où elles se déroulent est la réalité même. Cette conscience réelle et non phénoménale, Bergson montre qu'elle contraste avec l'ordre de l'espace. A partir de l'expérience psychologique, il abstrait ainsi plusieurs groupes de concepts opposés et, rapprochant ces groupes les uns des autres, reconstitue la description d'ordres différents. Il distingue la qualité de la quantité, le temps de l'espace, le sujet de l'objet. Il associe, d'une part, qualité, durée et sujet, d'autre part, quantité, espace et objet. Vis-à-vis de la spiritualité du moi individuel, il retrouve l'unité arithmétique.

Tous les états de conscience s'opposent, par nature, à la quantité. Bergson entreprend de le montrer pour chaque état pris en lui-même. On parle, il est vrai, de sensations plus ou moins intenses, d'efforts plus ou moins grands. Cependant, les degrés d'intensité ne correspondent à aucune échelle quantitative. De deux espaces inégaux, le plus grand contient le moindre. Un état de conscience plus intense ne contient pas celui qui l'est moins. L'idée d'intensité n'est pas univoque. Sa signification varie selon que l'état auquel on l'applique est plus ou moins lié à des conditions physiques quantitatives. Les sentiments profonds deviennent plus intenses s'ils se répandent dans la conscience. L'espérance de l'avenir dispense du choix et semble riche de tout le possible. La joie et la tristesse se communiquent à plus ou moins d'états. Le sentiment esthétique, plus ou moins profond, peut aller jusqu'à accaparer l'âme entière. Dans certains cas, l'idée d'intensité n'est qu'une figure du langage : on qualifie de plus intense ce que l'on préfère ou ne préfère pas. D'autre part, le renforcement quantitatif de sources physiques telles que la lumière peut provoquer plus de mouvements du corps.

Bergson oppose aussi à la quantité la diversité des états de conscience supposés distincts, ou, selon le terme qui correspond à celui d'intensité, leur multiplicité.

La multiplicité, explique-t-il, est une notion spatiale. Compter, c'est juxtaposer. Si je compte les moutons d'un troupeau, je pense un nombre total que je détermine par l'addition d'éléments, en l'occurence les moutons, supposés homogènes : « Pour que le nombre en aille croissant à mesure que j'avance, il faut bien que je retienne

1. *Essai sur les données immédiates de la conscience,* p. 1.

les images successives et que je les juxtapose à chacune des unités nouvelles dont j'évoque l'idée » (1). Si je me contentais de penser successivement les bêtes du troupeau réduites à leur nature de moutons homogènes, je ne penserais jamais qu'un seul mouton. L'accumulation des unités nécessite l'espace et constitue un processus spatial plutôt que temporel.

Dans le cadre de ce problème, Bergson discute la théorie kantienne des formes a priori de la sensibilité. Kant constate que, par le sens externe, nous nous représentons des objets extérieurs dans l'espace. Par le sens interne, la conscience s'observe elle-même ou son état intérieur. Elle n'a pas d'intuition de l'âme, mais soumet l'appréhension de tout état intérieur à la forme du temps. Toute expérience est donc phénoménale. Toute l'activité passe par le temps et tout le monde extérieur par l'espace : si l'on préfère, le temps est l'extériorité première, l'espace l'intériorité seconde (2). Sans être par conséquent symétriques, les deux formes de la sensibilité se complètent et présentent les mêmes caractères rationnels.

L'espace, pour Kant, n'est pas abstrait des choses par l'esprit. L'esprit l'impose comme une forme à la sensibilité phénoménale et répand sur cette forme, avant d'appréhender des données dont il puisse faire aucun objet, l'intuition qui va saisir le monde de l'extérieur. La science intuitive et rationelle de l'espace est la géométrie.

Bergson, dans l'*Essai,* accepte le principe de cette explication. Pour lui, quand la conscience saisit le monde par l'intuition sensible et transforme ses sensations en perception, c'est l'esprit qui unifie assez de termes pour les spatialiser. Chaque donnée isolée est ressentie comme une qualité. La juxtaposition des données les rend spatiales : « Ainsi, des sensations inextensives restent ce qu'elles sont, sensations inextensives, si rien ne s'y ajoute. Pour que l'espace naisse de leur coexistence, il faut un acte de l'esprit qui les embrasse toutes à la fois et les juxtapose » (3).

Bergson, en revanche, rejette l'explication donnée par Kant du temps comme une forme imposée à la sensibilité phénoménale et sur laquelle l'esprit répand son intuition avant d'y appréhender des données. Sur ce point, le refus est total. Il porte, d'abord, sur la façon dont Kant conçoit le temps lui-même et, ensuite, sur le rôle attribué au temps ainsi conçu.

1. *Essai sur les données immédiates de la conscience,* p. 57.
2. Cf. Kant (I.), *Kritik der reinen Vernunft, Elementarlehre* I, I, 2.
3. *Essai sur les données immédiates de la conscience,* p. 80.

Comme M.J. Theau le souligne dans son ouvrage *La critique bergsonienne du concept,* Bergson se propose, à cet égard, de corriger l'explication kantienne de la genèse de l'idée de nombre (1). Kant distingue le schéme intelligible de l'image sensible et considère le nombre comme le schème de l'ordre quantitatif dont l'espace serait l'image extérieure et le temps l'image la plus générale. C'est sans doute pour définir le nombre en des termes dont la généralité corresponde à l'image la plus générale de la grandeur que Kant le rapporte au temps. Le nombre, affirme-t-il, résulte de l'addition successive. Kant ébauche une distinction relative à l'abstraction. Bergson mentionne l'abstraction. Il fait observer que l'on feint de considérer comme identiques des moutons non seulement distincts, mais jusqu'à un certain point différents. Les individus énumérés ne sont pas envisagés du point de vue des différences qui donneraient à l'étude de leurs caractères une valeur d'information qualitative. A compter ces individus, on n'apprend que leur nombre et ce nombre signifie que les moutons occupent chacun une surface différente dans l'espace.

Bergson, dans l'*Essai,* explique d'abord la genèse de l'unité par l'acte simple de l'esprit qui opère une synthèse de la diversité. Dès que l'esprit conçoit la diversité unifiée comme une multiplicité, les unités composantes se juxtaposent. Cela se produit dès que l'esprit, passant d'une unité à une autre, objective la première et fait d'elle, en tant qu'objet, une multiplicité. L'intuition sensible du monde extérieur offre d'incessantes occasions d'abstraire. L'espace et le nombre arithmétique sont abstraits dans une réalité étendue plus riche. L'appauvrissement rationnel de la connaissance du monde permet de juxtaposer ses éléments et de les considérer comme identiques. L'unité est d'abord celle de quelque chose et devient, par abstraction, celle de n'importe quoi. Selon l'*Essai,* l'intuition sensible communique avec la matière mobile sans que l'objet représenté se confonde avec celle-ci. L'intuition sensible de l'étendue, riche comme conscience et diverse comme connaissance d'une réalité qui l'est elle-même, inclut, du côté matériel, le milieu où l'intelligence accomplit son œuvre d'immobilisation, d'objectivation, d'abstraction. Dès l'*Essai,* Bergson situe l'acte d'abstraction dans une perspective naturaliste : « Il faudrait donc distinguer entre la perception de l'étendue et la conception de l'espace : elles sont sans doute impliquées l'une dans l'autre, mais, plus on s'élèvera dans la série des êtres intelligents, plus se dégagera avec netteté l'idée indépendante d'un espace homogène » (2). Dans l'étendue, cependant, l'espace abstrait n'est pas seulement ap-

1. Theau (J), *La critique bergsonienne du concept,* Paris, 1968, p. 77.
2. *Essai sur les données immédiates de la conscience,* p.71.

pauvrissement et homogénéité, mais matérialité. La matière présente en soi les caractères mêmes que l'abstraction lui donne dans l'esprit. Bergson précise : « On érige parfois l'impénétrabilité en propriété fondamentale des corps, connue de la même manière et admise au même titre que la pesanteur ou la résistance par exemple » (1). A cette thèse évocatrice de Leibniz, il donne une explication logique et non physique. Ce ne sont pas les corps qui sont impénétrables, c'est l'esprit qui ne peut les distinguer sans les juxtaposer.

D'après cette explication, la quantité est seconde par rapport à la qualité. De fait, pour que l'on puisse, dans l'espace, distinguer une multiplicité, encore faut-il que le monde soit assez divers pour rendre possible la discontinuité. La distinction qualitative permet d'opposer les uns aux autres les aspects de la réalité, puis de les compter. Bergson, cependant, va plus loin dans l'*Essai* et attribue la multiplicité à la matérialité elle-même. La multiplicité appartient à l'objet, car l'objet seul est divisible, au lieu que le sujet reste lui-même un et change au lieu de se diviser. En ce sens « l'unité est irréductible pendant qu'on la pense, et le nombre est discontinu pendant qu'on le construit : mais dès que l'on considère le nombre à l'état d'achèvement, on l'objective : et c'est précisément pourquoi il apparaît alors indéfiniment divisible » (2). L'espace est l'ordre de la réalité dans lequel l'unité essentielle à tout acte de l'esprit s'objective. L'acte simple de la pensée se fixe et devient, par là même, apte à coïncider avec d'autres unités objectives ou fixées. Ainsi la multiplicité vient-elle toujours de l'objet, comme l'unité toujours du sujet. Cette opposition explique, selon l'*Essai*, les erreurs souvent commises dans la description de l'esprit.

Bergson ne cherche pas à contredire Kant par système. Les opérations d'unification, comme l'abstraction ou le dénombrement, procèdent de l'esprit. Il y a un rapprochement à faire entre l'unité arithmétique vide et l'unité pleine de la conscience. La matérialité vide l'unité de son contenu à force d'en extérioriser peu à peu les aspects.

La vie de la conscience a pour trame la qualité. Bien qu'elle soit une, elle se caractérise, elle aussi, par une sorte de multiplicité : elle est riche de contenu et elle change. Les états de conscience ne se mesurent pas, car leur intensité est toute qualitative. Ils ne sont pas divisibles en eux-mêmes. Parler de multiplicité interne, c'est se servir du mot multiplicité faute de mieux et seulement par analogie. L'unité de la conscience est une continuité mouvante, qui se situe dans l'ordre

1. *Id.*, p.65. 2. *Id.*, p.62.

de la durée (1). Là, les caractères de l'ordre spatial ne se retrouvent pas : « la durée proprement dite n'a pas de moments identiques ni extérieurs les uns aux autres, étant essentiellement hétérogène à elle-même, indistincte et sans analogie avec le nombre (2).

A cette opposition entre deux ordres de la réalité correspond, dans l'*Essai,* l'opposition entre « deux aspects du moi ». Le centre de la durée vécue par la personne humaine est le moi profond. Pour la pensée réflexive, il s'agit d'un centre de convergence. Dans la réalité, c'est au contraire une source de vie, un centre de divergence. A la périphérie de cette divergence, là où chaque personne humaine communique avec le reste du monde, le moi superficiel devient pour lui-même une sorte d'objet multiple, cet objet dont certains psychologues s'efforcent de dresser l'inventaire quantitatif. Le moi profond et le moi superficiel ne sont pas deux sujets distincts, mais deux aspects d'un sujet unique. Le moi profond s'extériorise en moi superficiel. Le corps, si l'on veut, permet à l'esprit de s'analyser lui-même, mais cette analyse change la nature de l'esprit extériorisé, qui, de durée, devient une chose spatiale. Il y a donc continuité et opposition entre les deux aspects asymétriques de la personne.

Là se situe l'argumentation bergsonienne qui tend à établir la nature spatiale de ce que l'on appelle en général le temps. Bergson veut, en réalité, démasquer ce qu'il considère comme une double illusion. En premier lieu, selon lui, c'est à tort que l'on attribue à l'espace même la continuité des mouvements que l'on y effectue : l'espace n'a pas de temps et la constatation du mouvement se ramène à celle de simultanéités différentes entre, d'une part, le mobile et, d'autre part, des points fixes par rapport à lui. En second lieu, c'est à tort que l'on attribue à la durée la multiplicité de faits de conscience discontinus. Ceux-ci sont projetés dans un temps homogène qui n'est autre que l'espace, où l'esprit les distingue comme autant d'objets. Sur ce second point, il s'agit d'écarter, comme l'indique M.J. Theau, un « pseudo-concept de temps homogène » (3).

Bergson situe le sujet par rapport à l'espace et au temps. Kant, explique-t-il, a rejeté le moi transcendantal au delà de l'espace et du temps. Or, Kant a pris pour le temps ce qui n'est que de l'espace et, ce faisant, il a méconnu le moi profond, qui transcende l'espace, mais non le temps, n'étant autre lui-même que la durée.

Ainsi, pour Bergson, la personne humaine coordonne-t-elle un dualisme essentiel. On peut penser que celui-ci présente, du point

1. Cf. Gouhier (H), *Bergson et le Christ des Evangiles,* Paris, 1961, p.51.
2. *Essai sur les données immédiates de la conscience,* p.89.
3. Theau (J), *op. cit.,* p.89.

de vue logique, un caractère dialectique. Bergson cependant ne mentionne la contradiction profonde que comme l'une des images de la richesse intérieure. C'est l'extériorité réelle qu'il oppose à l'esprit, dans la mesure où celui-ci va s'y aventurer. La critique adressée à Kant lui-même constate que Kant n'envisageait aucune durée de l'esprit en soi. L'erreur reprochée ne consiste pas seulement à confondre le temps et l'espace, mais à ignorer le temps réel. En réalité, le moi kantien incarne l'unité rationnelle et veut transcender le temps, le moi bergsonien incarne l'unité changeante et veut coïncider avec le temps véritable.

On objecte : dès lors qu'un objet A, tout en restant A, cesse d'être B pour devenir C, une succession réelle se produit. Bergson répond : quand un objet A change et cesse d'être B pour devenir C, cette succession est spatiale, car A, B et C ne se distinguent que dans l'espace, non dans la durée. L'espace est un milieu homogène et divisible parce qu'homogène. L'unité de l'objet A et celle de ses attributs B ou C est abstraite dans l'espace par l'esprit qui confère l'unité de sa diversité indistincte à une homogénéité. C'est parce que l'homogène ne l'est pas entièrement, mais reste au fond divers que l'esprit le rend un. C'est parce que l'unité arithmétique pourrait recevoir un contenu qu'elle reste une et ne se perd pas dans l'espace. Ce qu'apporte l'espace, c'est l'extériorité pure, comme telle homogène, et où deux points ne peuvent coïncider. L'homogène est extérieur, l'hétérogène est intérieur et un. Il n'y a donc pas, en ce sens, de durée des choses, car, dans la durée, il n'y a pas de choses : « Chacun des états dits successifs du monde extérieur existe seul, et leur multiplicité n'a de réalité que pour une conscience capable de les conserver d'abord, de les juxtaposer ensuite... (1). La conscience les juxtapose dans l'espace.

1. *Essai sur les données immédiates de la conscience*, p. 89 et 90.

II

LA PERCEPTION ET LE SOUVENIR

Le problème des relations entre les deux ordres de la réalité reparaît dans *Matière et mémoire,* où Bergson l'aborde directement à propos des rapports entre l'âme et le corps. Il part de l'idée, acquise dans l'*Essai,* selon laquelle la perception, acte simple, révèle un objet multiple. L'homme, s'il n'a d'autre expérience que la sienne, sait aussi, par expérience, qu'il fait partie du monde. Par son corps, il est en continuité avec le monde. Sa prise de conscience à l'origine se présente comme un incident de cette insertion, mais ne serait pas possible si la conscience n'existait déjà, maîtresse de sa propre continuité grâce à la mémoire.

La théorie bergsonienne de la perception fait l'objet du premier chapitre de *Matière et mémoire* et il convient, en l'abordant, d'évoquer à nouveau l'étude de M.J. Theau, qui montre dans quelle perspective l'analyse bergsonienne critique les deux thèses de l'idéalisme et du réalisme (1). Le réaliste affirme que les perceptions reproduisent, dans la conscience, les objets du monde extérieur. L'idéaliste part de la représentation et cherche en vain à sortir d'elle pour en atteindre l'objet, ou renonce, comme Kant, à connaître la « chose en soi ». Le réalisme et l'idéalisme, explique Bergson, ont ceci en commun qu'ils juxtaposent les deux ordres de la représentation et du monde extérieur comme deux éléments liés par une relation intellectuelle. L'une et l'autre doctrine veut savoir si les idées correspondent ou non aux choses. Or, tel n'est pas, selon Bergson, le problème premier. Ceux qui le posent en premier cèdent à une illusion intellectualiste. Ils s'aperçoivent, certes, d'une caractéristique de la connaissance, mais en faussent la signification. Ils constatent que l'on peut interpréter la perception de deux manières, c'est-à-dire soit en rapportant toute perception au sujet percevant, soit en reconstituant un système dans lequel les objets perçus s'ordonnent les uns par rapport aux autres et incluent le sujet percevant comme l'un d'eux, remis en quelque sorte à sa place. A partir de cette distinction justifiée, l'idéaliste et le réaliste cherchent à déduire l'un des systèmes de l'autre. Le

1. Theau (J), *op. cit.*, p.148.

réaliste veut à tort déduire le monde perçu du monde objectif : « Tout réalisme fera donc de la perception un accident, et par conséquent un mystère » (1). L'idéaliste veut à tort déduire le monde objectif de celui de la représentation subjective : « C'est la science qui deviendra alors un accident, et sa réussite un mystère ».

Comment Bergson pense-t-il échapper à l'antonomie ? C'est ce qu'il expose en reprenant à la base le problème de la conscience. Le premier chapitre de *Matière et mémoire* contient une tentative de description de la genèse de la représentation dans la nature. Ce texte est difficile et mérite le renom d'obscurité relative évoqué par Bergson et M.J. Theau (2). Cependant l'obscurité se dissipe en partie si l'on évite de trop assimiler l'analyse bergsonienne à un « Cogito », ou à une analyse logique du moi. Bergson se veut, à ce stade, plus empiriste qu'analyste. Il interprète l'expérience commune du point de vue des fonctions de la vie naturelle. Il ne découvre pas, dans la conscience, la pensée et l'étendue, mais l'image de la matière et, en particulier, de la matière vivante insérée dans un monde matériel. C'est en ce sens naturaliste qu'il faut comprendre la critique adressée par Bergson aux autres philosophes : « pour les uns comme pour les autres, percevoir signifie avant tout connaître. Or, c'est ce postulat que nous contestons ». (3)

Bergson expose la thèse selon laquelle l'étendue est inhérente à la perception et il indique comment on peut établir l'existence d'une certaine communauté de nature entre la perception et l'émotion : l'une et l'autre sont des fonctions pratiques, c'est-à-dire vitales. Pour Descartes, les affections ne facilitaient pas la connaissance, mais l'action. L'essentiel de la doctrine cartésienne est, sur ce point, qu'elles relient l'homme pensant au système pratique de la nature. La vie du corps est une nécessité première. Les affections poussent à agir bien que la volonté humaine puisse leur résister. Elles sont claires par leur force plus que par leur sens. Elles indiquent, dans l'ensemble, des actes utiles, par exemple la soif incite à boire et aide à conserver la santé. Si l'on veut apprécier la réalité, il faut se méfier d'elles et examiner attentivement leur objet, sans céder à des apparences souvent trompeuses. Le caractère utilitaire de l'émotion apparaît de façon encore plus accentuée dans la théorie dite physiologique des émotions. Célèbre est l'exemple donné : si je vois un lion, je ne fuis pas parce que j'ai peur, mais j'ai peur parce que je fuis. Pour Bergson, comme pour William James, l'émotion est conscience d'un mouvement. Toutefois, alors qu'il s'agit, selon James, du mouvement complètement

1. *Matière et mémoire,* p.23.
2. Theau (J), *op. cit.,* p.167.
3. *Matière et mémoire,* p.24.

exécuté, Bergson estime qu'il s'agit de la simple tension du corps qui se dispose à l'action. Cette tension, d'ailleurs, se peut rapporter à toute action possible, aux actions imaginées comme aux réelles. Encore doit-il s'agir d'une action libre et qui comporte, à ce titre, une phase préparatoire.

Comme l'émotion, les perceptions s'organisent, pour chaque homme, en fonction de son corps et se rapportent à son action. Toute perception est conscience d'images, dont, pour chacun, l'image privilégiée de son corps. Les actes que j'accomplis sont des « modifications apportées par mon corps aux images environnantes ». L'action, au sens courant du terme, participe de l'émotion dans son origine et Bergson la distingue d'un mouvement, le mouvement se limitant à lui-même au lieu de servir de support à un changement : « l'acte auquel l'état affectif aboutit n'est pas de ceux qui pourraient rigoureusement se déduire des phénomènes antérieurs comme un mouvement d'un mouvement, et dès lors il ajoute quelque chose de véritablement nouveau à l'univers et à son histoire ». (1) La description de la conscience conduit aussitôt à dégager les éléments d'une théorie de la vie, qui permettent d'expliquer la perception. J'agis dans un domaine spatial, où chaque image est « environnée » de beaucoup d'autres. Dans la matière inerte, la loi physique de l'égalité de la cause et de l'effet semble exclure le changement du mouvement. La matière vivante peut donner au mouvement le contenu d'un changement grâce à la liberté vitale, qui brise la continuité de la cause et de l'effet. L'indétermination peut être écartée, une sorte de continuité rétablie, s'il n'y a pas d'hésitation, ce qui se produit dans le cas de l'acte habituel : l'automatisme lui impose l'équivalent d'une détermination rigoureuse. Il n'est pas physiquement le seul possible, mais il l'est, pour ainsi dire, psychologiquement. En revanche, toute hésitation se présente comme un délai, brisant la continuité du monde et suspendant le mouvement d'universelle interaction qui lui donne sa cohésion. L'organisme vivant échappe à la nécessité par son système nerveux. La dualité des nerfs afférents et efférents brise le mouvement en deux : la réaction se distingue de l'excitation, tout en la prolongeant. Le système nerveux, instrument immédiat du délai, utilise l'énergie accumulée par l'organisme et celle-ci est de même nature que l'énergie du mouvement matériel proprement dit. L'essence de la liberté motrice est attente et indétermination. Or, il s'agit là d'une création de la vie, qui se donne le moyen de prendre conscience de ses propres opérations vitales.

Bergson, à ce stade, semble s'inspirer de la distinction, adoptée

1. *Id.*, p.12.

par Spencer, entre la conscience de « présentation » et la conscience de « représentation » (1). Spencer lui-même semble se référer au système des facultés humaines de Sir William Hamilton. Celui-ci, à côté de la conservation et d'autres établissait un « contraste » et une « corrélation » entre la « faculté de présentation » et la « faculté de représentation ». La présentation signifiait l'acquisition, la réception (2). Bergson modifie ce premier terme dans un sens réaliste. Il reste au niveau le plus élémentaire de la connaissance. Les images sont la réalité même de la matière, à condition de les envisager en elles-mêmes. Leur mode de réalité est la « présence ». Bergson entend par là la participation à la spatialité, la détermination dans le domaine spatial comme « position », qui, affirme-t-il, explique entièrement l'objet matériel et la continuité de la matière : « la fiction d'un objet matériel isolé n'implique-t-elle pas une espèce d'absurdité, puisque cet objet emprunte ses propriétés physiques aux relations qu'il entretient avec tous les autres, et doit chacune de ses déterminations, son existence même, par conséquent, à la place qu'il occupe dans l'ensemble de l'univers » (3). L'organisme, image présente dans un monde d'images présentes, prend conscience, grâce à l'indétermination de son propre mouvement, d'une partie de ces images, qui, de présentes qu'elles sont en elles-mêmes, deviennent « représentées » dans la perception. La présence se réduit en représentation parce qu'elle se limite au champ de l'action possible de l'organisme. Dans la mesure où l'organisme libre se prépare à l'action, il rétablit, entre lui-même et les points de l'espace qu'il se prépare à toucher, une continuité d'abord nerveuse. C'est à l'indétermination objective de l'action que se mesure l'étendue du champ perceptif.

A la limite, on pourrait croire que Bergson pense uniquement au découpage perceptif d'une partie d'un panorama, par exemple par un chasseur qui cherche le chamois sur le flanc d'une montagne. Or, s'il n'y avait que l'intention du chasseur, on s'expliquerait mal le contenu de la perception. L'animal qu'un promeneur rencontre dans les bois n'est pas un chien ou un loup selon que le sujet percevant poursuit son chemin ou prend la fuite. En réalité, il faut admettre que l'organisme lui-même, phénomène vital et d'origine spirituelle, constitue un premier découpage perceptif dans la mesure où sa nature détermine les modalités de son action. L'existence de l'organisme réalise une première diminution de la présence et chacun de ses actes

1. Spencer (H), *First Principles*, p.62.
2. Cf. Hamilton (Sir W.) *Lectures on Metaphysics and Logic*, Londres, 1878. Vol.II, p.23.
3. *Matière et mémoire*, p.20 et 21.

parfait cette diminution de manière à susciter la représentation. L'organisme est à la fois l'esprit qui devient conscient et le corps qui ne peut être entièrement conscient. La matérialité joue, dans l'acte perceptif, le rôle d'une fonction d'inconscience, qui, comme la négation de la dialectique, permet à la conscience de se déterminer. Bergson commente : « il y a, dans cette pauvreté nécessaire de notre perception consciente, quelque chose de positif et qui annonce déjà l'esprit : c'est, au sens étymologique du mot, le discernement » (1).

Le point est délicat. Il s'agit encore des rapports entre l'un et la richesse spirituelle. La théorie de Bergson a quelque analogie avec la distinction faite par Hegel entre deux infinis, dont le mauvais est l'altérité et le bon la nouveauté. La pauvreté de la perception vient de la matière, mais le choix et l'unité de son contenu viennent de l'esprit.

La perception, ainsi décrite, se trouve réduite à l'état « schématique et simplifié ». Bergson indique : « Ce serait la théorie de la *perception pure* »(2). La perception au moins humaine ne se réalise pleinement que grâce à l'intervention de la mémoire. Le contact immédiat et hésitant de l'être humain avec le milieu environnant suscite une intuition sensible. Il ne se changerait cependant pas en conscience si celle-ci n'existait pas déjà dans l'individualité. Or, la conscience est d'abord la mémoire, où les images issues du contact avec le monde extérieur s'épanouissent et se conservent à la fois, grâce à la continuité, de nature spirituelle, du mouvement intérieur qui est la vie. A la limite, la mémoire pourrait adhérer à l'extérieur, se contenter d'enregistrer, au fur et à mesure, la perception pure : « le rôle de notre conscience, dans la perception, se bornerait à relier par le fil continu de la mémoire une série ininterrompue de variations instantanées, qui feraient partie des choses plutôt que de nous »(3). Tel serait, si l'on préfère, le souvenir minimum, dont la participation est nécessaire à la perception. Dans l'expérience humaine, la participation du souvenir est beaucoup plus considérable. La mémoire enregistre l'expérience passée en totalité. Si le contact d'un individu avec les objets n'est qu'un aspect de la continuité du monde matériel, la conscience individuelle accumule son passé par l'acte même de sa progression présente. Dans chaque perception, il entre une part de souvenirs. Ceux-ci doivent leur contenu d'images à des perceptions antérieures. Ainsi la perception n'est-elle jamais la perception pure, qui serait la matière, mais un acte complexe où s'interpénètrent deux activités relevant l'une de l'ordre matériel, l'autre de l'ordre spirituel. Au cas limite de la perception pure, s'oppose celui du souvenir pur. Ce n'est pas le souvenir minimum, mais l'idée du pur

1. *Id.*, p.35. 2. *Id.*, p.67. 3. *Id.*

exercice de la mémoire sans perception. Il existe, entre les deux activités, une « différence de nature » et non pas « d'intensité » (1). Quand on parle de perceptions et de souvenirs réels, on insiste sur l'un ou l'autre de deux ordres opposés et il ne s'agit pas de deux degrés d'un même phénomène de conscience. Le monisme condamne à réduire les perceptions à des « hallucinations vraies », comme le font l'idéalisme et le réalisme, incapables de rétablir le lien entre les éléments qu'ils n'ont pas su distinguer. L'explication proposée par Bergson consiste à rattacher la perception à l'action, tandis que le souvenir est du passé, qui, comme tel, n'agit plus.

L'esprit agit et, en agissant, introduit assez de spiritualité dans la matière pour la rendre perceptible. D'autre part, la mémoire conserve le passé séparé du présent, si bien que, dans l'esprit, une division s'opère : l'esprit qui se souvient est dépassé, l'esprit vivant se perd dans le monde pour y agir. La suite de *Matière et mémoire* tend précisément à démontrer que cette situation paradoxale est réelle. L'esprit est presque entièrement recouvert, pour lui-même, par le corps qui le met en contact avec le monde. Ce voile isole la mémoire de la durée, départage le passé et le présent, permet à l'esprit de se limiter au champ d'une conscience mise au point sur l'action. La démonstration consiste à établir qu'en effet, dans ce qu'on appelle la mémoire, toute la conscience vient de l'esprit et que le corps explique seul et seulement l'oubli. Si la preuve est faite, il devient possible de départager non seulement le réalisme et l'idéalisme, mais le matérialisme et le spiritualisme.

La vie consciente se résumerait alors en deux propositions : l'esprit, dans un monde matériel, a besoin de la matière pour agir ; c'est un aspect de lui-même qui agit sur une partie du monde.

Bergson recherche si les conclusions de la psychologie expérimentale expliquent la mémoire par le cerveau, ou si elles justifient l'hypothèse formulée. Il met en lumière des formes d'évocation du passé qui se définissent par le déclenchement de mécanismes moteurs. Il rapporte certains troubles de la mémoire à la pathologie de ces mécanismes, explicable par des lésions corporelles. Il ne saurait être question de porter un jugement sur les aspects scientifiques de ces analyses. On peut douter qu'elles prouvent aucune hypothèse, mais elles donnent des indications sur leur possibilité. Elles semblent autoriser à admettre que la vie ne se réduit pas à une fonction cérébrale.

Les souvenirs proprements dits sont des images. Ils ne sont pas normalement représentés comme tels, mais se fondent avec la perception. Bergson précise qu'il ne s'agit pas d'états de conscience

1. *Id.*, p.69.

découpés comme autant de vues figées, dont les uns seraient des perceptions, les autres des souvenirs, et qui s'ajouteraient ou se combineraient. Chaque perception est « un *circuit,* où tous les éléments, y compris l'objet perçu lui-même, se tiennent en état de tension mutuelle comme dans un circuit électrique » (1). Les « ébranlements partis de l'objet » passent par la conscience et reviennent à l'objet perçu enrichis de ce que la mémoire lui apporte. Selon la nature de l'attention, le circuit serre l'objet de plus ou moins près et, corrélativement, lui apporte une signification qui provient de plans plus ou moins profonds de la mémoire. Les souvenirs deviennent de plus en plus personnels au fur et à mesure que l'on va plus profond, ou que l'esprit est plus tendu.

On se demande si Bergson ne s'écarte pas de ses propres classifications conceptuelles en affirmant que « notre présent est la matérialité même de notre existence » (2). N'est-ce pas plutôt la matérialité qui réduit notre conscience à celle du présent ? Si la conscience n'était que du passé, s'apercevrait-elle d'un changement en cours ? Il existe, certes, un décalage chronologique entre le fait réel et le fait perçu. Le présent pur est, en ce sens, insaisissable et « nous ne percevons, pratiquement, que le passé »(3). La conscience, néanmoins, accompagne la vie ou la suit de peu. Mieux la conscience seule anime l'action, même si elle ne se définit pas comme une volonté. Il se peut que Bergson envisage, dans ce contexte, la volonté comme une dégradation de la représentation. Agir serait, pour l'esprit, devenir matière loin de l'unité parfaite, dans les régions de la pauvreté ontologique. L'action serait une déchéance permanente. Une telle interprétation, cependant s'accorderait mal avec l'idée selon laquelle, dans la nature humaine, le changement appartient à l'esprit. La matière transpose le changement en action, mais l'impulsion est spirituelle.

Ce qu'établit l'analyse bergsonienne, c'est, semble-t-il, que l'attention tantôt se fixe sur l'avenir plus ou moins éclairé par le passé, tantôt se reporte au passé lui-même. Le premier cas est celui de la perception plus ou moins personnalisée. Le second correspond à l'évocation du souvenir-image comme tel. Les gens de caractère impulsif vivent « dans le présent tout pur », ceux qui se complaisent dans des souvenirs inutiles sont des rêveurs (4). Le bon sens consiste à rester dans le juste milieu, qui n'est nullement fixe, mais dépend de la situation. Si l'esprit s'identifie à l'acte à accomplir, la mémoire « se porte tout entière au devant de l'expérience et se contracte ainsi plus ou moins, sans se diviser, en vue de l'action » (5). Si l'action permet plus de réflexion, c'est un cercle plus dilaté, plus détaillé, plus personnel

1. *Id.*, p.114. 2. *Id.*, p.154. 3. *Id.*, p.166.
4. *Id.*, p.170. 5. *Id.*, p.188.

de la mémoire qui éclaire l'acte de façon sélective. Alors, la mémoire accomplit un mouvement « de rotation sur elle-même, par lequel elle s'oriente vers la situation du moment pour lui présenter la face la plus utile ». L'esprit revient sur son passé par une « expansion » de la mémoire. Ainsi la mémoire, envisagée dans sa fonction d'évocation du passé, ne se confond-elle pas avec la durée proprement dite (1). La vie mentale s'étage sur divers plans de conscience, de celui de l'action à celui du rêve, qui s'opposent, à la limite, comme ceux de la perception pure et du souvenir pur.

A cette interprétation bergsonienne, sans prendre un parti définitif sur les problèmes qu'elle pose, on peut ajouter deux remarques. D'une part, il est vrai que la perception comporte une communication de la matière avec elle-même, saisie comme un « circuit » par la conscience, mais la nature est ainsi faite que les organes sensoriels se servent, pour s'informer ou informer, de forces matérielles relativement inoffensives pour l'organisme, par exemple des ondes lumineuses ou sonores. En second lieu, les souvenirs intellectuels, les idées, présentent, par rapport à l'action concrète, le caractère de souvenirs désintéressés, mais l'effort intellectuel peut leur donner le caractère de souvenirs utiles, sinon utilitaires, par rapport à un travail déterminé de l'esprit.

A côté de ces précisions, il convient de s'interroger sur l'ensemble de l'exposé des relations entre la perception et le souvenir. Pour qui s'est engagé sur la voie du raisonnement bergsonien, sa compréhension ne se heurte à aucun obstacle insurmontable. C'est l'hypothèse initiale qui paraît téméraire. Bergson veut prouver la réalité de l'esprit. A cette fin, il invoque les caractères de la mémoire, susceptibles de vérification expérimentale. De plus, il commence par assimiler la matière à l'image, tout en lui laissant les caractères de la réalité matérielle. Les images, comme telles, supposent que cette réalité se présente orientée vers l'extérieur, ou se manifeste. Inversement, l'objet représenté de l'intuition sensible ne se distingue pas de la réalité extérieure. Ainsi Bergson pose-t-il conjointement, au départ, les hypothèses de l'idéalisme et du réalisme. Tout est phénomène, mais tout est réel. On conçoit que, dans ces conditions, la tentative de dépassement des deux doctrines en conflit semble réussir même si on l'étend au spiritualisme et au matérialisme. Dans la mesure où les deux distinctions peuvent coïncider, la synthèse présumée sur le plan de la substance, qui n'a pas encore été expliquée mais le sera peut-être, résout l'antinomie de la connaissance. Cela dit, les classifications de doctrines sont tou-

1. Cf. Gouhier (H), *op. cit.*, p.62.

jours approximatives, car des diversités innombrables risquent de leur échapper. Le réalisme peut s'entendre en des sens différents : s'agit-il de la réalité des idées, de formes qui s'appliquent soit aux choses, soit à l'esprit, ou du matérialisme ? Il existe aussi plusieurs idéalismes et celui de Fichte diffère de celui de Berkeley. On peut cependant présenter l'essentiel des thèses opposées et ce sont les idéalistes eux-mêmes qui en ont donné l'exemple. Les *Trois dialogues entre Hylas et Philonous* font parler tour à tour le réaliste « sceptique » et l'idéaliste à l'esprit pratique. Fichte reprend le débat dans son livre *Die Bestimmung des Menschen,* destiné au grand public plus qu'aux philosophes. Le réaliste, d'ailleurs en proie aux doutes, reconnaît des objets divers dans le monde et, bien que partant de sa propre conscience, reconstruit mentalement l'ordre réel des choses et des personnes. L'esprit du savoir démontre alors que nul ne peut sortir de sa conscience. Fichte, comme Berkeley, opte pour l'idéalisme, mais non sans examiner les objections d'Hylas, ou plutôt les siennes propres. Il applique ainsi le principe qu'il énonce en note de la *Doctrine de la Science*, quand il reconnaît l'utilité scientifique du « scepticisme critique », par exemple celui de Hume (1).

Fichte lui-même, au début de la « déduction de la représentation », donne de la perception une explication qui tend à dépasser l'idéalisme au niveau de la finitude et où l'on peut voir une première forme de la théorie bergsonienne du « circuit ». Le circuit part du sujet. Si A agit en ligne droite et se heurte à un obstacle en C, l'action interrompue se réfléchit de C en A. Elle se réfléchit de nouveau de A en C : « Nous obtenons ainsi, entre A et C, un dédoublement du sens de l'activité du moi, en conflit avec elle-même, et elle s'y présente de C en A comme passive et de A en C comme pure activité (2) ». Ainsi s'éveille, selon Fichte, l'imagination.

Ici réside le problème principal. Il existe plusieurs sortes d'imagination. La faculté d'imaginer permet, d'abord, de transformer les excitations sensorielles en images représentées, ensuite, de se représenter les images d'objets absents. Kant qualifie l'imagination de productive, ou de reproductive. La première suppose la perception, mais semble aussi l'expliquer. Elle applique la façon de penser unificatrice qui caractérise l'aperception. A partir d'excitations incoordonnées, elle ordonne l'intuition sensible. Elle suppose une activité, que Kant appelle spontanéité.

1. Fichte (J.G.), *Grundlage der gesamten Wissenschaftslehre,* 1794, ed. de 1844, I, 121 ; ed. Meiner, p.41.
2. *Id.*, ed. de 1844, I, 228 ; ed. Meiner, p.147.

Bergson semble essayer d'expliquer la genèse de l'image par les limites objectives de l'action du sujet : « *J'appelle* matière *l'ensemble des images, et* perception de la matière *ces mêmes images rapportées à l'action possible d'une certaine image déterminée, mon corps* » (1). Ainsi l'image totale devient-elle image perçue par l'effet d'une diminution : *« Ce que vous avez donc à expliquer, ce n'est pas comment la perception naît, mais comment elle se limite, puisqu'elle serait, en droit, l'image du tout, et qu'elle se réduit, en fait, à ce qui vous intéresse »* (2). Or, la définition de la matière totale comme image, si elle se justifie, dispense d'expliquer l'apparition de l'image partielle. D'autre part, s'il faut quand même une explication, la réduction du champ des relations matérielles ne suffit pas à transformer les mouvements en une image correspondante. Dès qu'elle fixe une qualité perçue, l'image représentée ne s'identifie ni aux mouvements dont elle est issue, ni à l'objet qui lui sert d'excitant. Certes, les techniques de la photographie attestent la fidélité de la perception. Les objets excitants, montagne ou lac, sous l'effet de la lumière, frappent l'œil ou la plaque photographique. Le sujet qui s'est représenté l'image de la montagne ou du lac présent les reconnaît quand il se représente la photographie qui en a été faite. Pourtant la représentation n'est ni la montagne, ni le lac, ni leur photographie, ni la lumière, ni davantage, Bergson y insiste avec raison, les ébranlements nerveux ou les mouvements intérieurs des centres perceptifs. Même si l'image représentée correspond bien à l'extérieur réel de l'objet, elle n'est pas cet extérieur et il ne lui incombe d'ailleurs pas de le produire, mais seulement de le représenter.. Autrement dit, le point de départ double de *Matière et mémoire* rend ambigüe l'expression « le rôle du corps ». Ces mots suggèrent que Bergson cherche à déterminer les rôles respectifs de l'esprit et de la matière, tandis qu'il étudie le souvenir et la perception. La perception est à la fois image et matière et Bergson ne s'est pas encore placé sur le plan de ce qu'on pourrait appeler la matière pure ou de l'opposition entre esprit pur et matière pure. Or, c'est là que la philosophie peut s'attaquer à la tâche principale du dualisme et chercher mieux que la glande pinéale de Descartes.

Au début de *Matière et mémoire,* Bergson se fonde en partie sur les antinomies dégagées dans l'*Essai.* Il veut aussi réexaminer leur définition en systématisant les incertitudes finales de *Quid Aristoteles de loco senserit.* Partant, à cette fin, de la notion d'image-matière, il accorde une confiance totale à l'intuition sensible, dont l'objet représenté, qualifié d'image, unifie en lui-même la dualité

1. *Matière et mémoire,* p. 17. 2. *Id.,* p. 38.

que l'on souhaiterait expliquer et s'identifie à l'objet. Bergson semble vouloir d'abord expliquer l'unification en analysant le processus suivant lequel le relativisme subjectif naît dans le monde et sert d'interpédiaire pour reconstituer, avec les objets représentés, l'ordre des objets réels. L'explication, à ce stade, ne fait que développer les deux termes dont il s'agira de dépasser l'opposition. En effet, dans cette perspective, la matière, en sa qualité d'image, relève de l'esprit. Sensations et perceptions sont spirituelles et expriment l'attitude du moi à l'égard du monde. Toutes traduisent la partialité subjective du moi actif et connaissant qui découpe, aux fins de son action, la représentation du monde à la façon d'une monade. Ce découpage sert à Bergson de détour entre la matière et la connaissance intellectuelle de la matière. A ce stade, les états de conscience inextensifs et la perception matérialisée coopèrent. Ce seul fait suffit à attester l'intention de Bergson de s'engager sur la voie d'un dépassement. L'action individuelle consciente ne devient, de problème qu'elle était, une solution que dans la mesure où Bergson reconnaît la nécessité d'atténuer l'opposition des deux séries de termes, dont l'une correspond à l'esprit, l'autre à la matière. Il faut que, par un certain côté, les positions de l'antinomie communiquent. C'est en réalité de progressions qu'il s'agit et il est instructif de les envisager d'un point de vue naturaliste, comme si elles se concrétisaient en des séries d'êtres vivants, sans préciser aucune correspondance avec la nature réelle.

L'image inextensive, qualitative et spirituelle en son principe porte en elle un principe contraire, une aptitude à l'extériorité par laquelle elle communique avec la matière. L'image-matière matérielle, présente à elle-même, ne se représente qu'à travers les organismes vivants. L'acte perceptif suppose la formation d'organismes à travers lesquels la conscience puisse faire passer sa durée. L'image représentée du monde extérieur vaut d'autant plus, comme image, que la conscience possède plus de spiritualité.

La clarté et l'ordre rationnel des images représentées, qui caractérisent la spatialité de celles-ci, varient en fonction des différences d'intellectualité. Le degré d'intelligence atteste un degré de spiritualité, mais d'un ordre particulier : l'être vivant possède autant d'intelligence que de spiritualité adaptée à la matière inerte. L'intelligence accompagne l'indétermination de l'action et les hésitations qui éveillent la conscience. Elle donne aux images objets de la conscience éveillée l'ordre qui est le sien. La comparaison entre les données des différents sens aide à situer les différentes extériorités les unes par rapport aux autres. Tous les animaux perçoivent le monde, de façons diverses. Même s'ils distinguent mal l'interne de l'externe, ils ne sont pas des machines et l'on pourrait ajouter que leur coup d'œil est parfois plus rapide, plus perçant, plus sûr que celui de l'homme. Certes, la perception humaine comporte une qualité sensitive plus riche. Elle s'ordonne aussi de façon plus parfaite. L'intelligence adapte le plus d'esprit possible à la matière. Voilà pourquoi les deux progressions, celle de la qualité et celle de la clarté ordonnée, vont de pair chez l'être humain tout en s'opposant l'une à l'autre : la conscience humaine est à la fois plus spirituelle et plus intellectuelle. Si l'on suppose l'existence d'êtres d'une nature plus spirituelle que celle de l'homme, ceux-ci devraient éprouver des états d'âme d'une plus haute qualité, mais leur représentation devrait être intuitive plutôt qu'intellectuelle.

La mémoire transforme la perception. L'image est donnée par l'intuition sensible. Séparée de l'excitant externe, elle peut apparaître par l'opération de l'imagination au sens restreint. Elle peut aussi concrétiser un souvenir. Bergson distingue les deux facultés : « Imaginer n'est pas se souvenir » (1). La mémoire intervient dans la perception concrète à divers titres. Au niveau le plus élémentaire, la continuité de la mémoire aide à condenser les données de l'intuition sensible et participe à la genèse des images que l'esprit humain se représente : elle participe à ce que Kant appelait une synthèse. De façon plus générale, elle assure la continuité de l'interne et la distinction entre celui-ci et l'externe. A titre de condition du développement intellectuel, elle avive la conscience et consolide l'ordre mental. Enfin, elle ajoute aux images les souvenirs qui s'y rapportent de quelque manière. Dans la vie réelle, le souvenir-image alterne avec la perception image, ou plutôt, les deux communiquent. L'image accompagne toute pensée. Souvenirs et perceptions peuvent être plus ou moins intuitifs, plus ou moins intellectuels et objectivés. Si, dans la perception, l'image représente le monde extérieur, dans la représentation déjà réfléchie et soutenue par la mémoire, elle semble devenir une sorte de matérialité spirituelle, que l'acte de la pensée anime comme l'esprit de la vie anime la matière. On pourrait dire qu'elle sert à construire un organisme représentatif, que l'esprit développe, soit en volume par l'accumulation des souvenirs, soit en complexité. Cet organisme représentatif inclut le langage, dans la mesure où les mots constituent l'objet d'une représentation et non d'une simple habitude motrice.

On voudrait encore savoir, quand la représentation dresse un tableau des choses, si ce tableau les figure telles qu'elles sont. La réponse se ramène à deux propositions. Premièrement,

1. Cf. *Matière et mémoire*, p. 150.

la représentation montre le monde tel qu'il est, mais en partie seulement. Deuxièmement, il est vrai que le sujet connaissant ne sort jamais de sa propre conscience, mais il doit sans cesse s'efforcer d'en obtenir une représentation du monde aussi fidèle que possible. Bergson apporte des éléments d'explication à ces deux affirmations du sens commun. Il explique comment la représentation peut être à la fois réelle et incomplète et comment, incapable de se transcender, elle peut essayer de se corriger.

Il est difficile de tirer des conséquences philosophiques précises de ce point de vue du sens commun que Bergson semble confirmer. Il faut aborder le problème de fond des rapports entre l'esprit et la matière. Bergson le fait dans un système « nettement dualiste » et affronte ainsi des problèmes redoutables, que lui pose sa propre méthode. En particulier deux questions le retiennent : les rapports entre la matière inerte et la qualité sensible et ceux entre le mouvement spatial et le mouvement changement.

C'est ici qu'il convient de faire appel aux textes du quatrième chapitre de *Matière et mémoire* dans lesquels Bergson étudie le mouvement réel, celui qui s'accomplit à travers la matière. Sans doute se défend-il de construire une « théorie de la matière », mais les « indications » auxquelles il déclare se borner aboutissent à quatre propositions révélatrices de ses préoccupations.

La première est que « tout mouvement, en tant que passage d'un repos à un repos, est absolument indivisible » (1). Le mouvement ainsi conçu ne relève pas de l'ordre matériel, mais de l'ordre spirituel de la progression vivante. L'acte musculaire se distingue de la spatialité dans laquelle il s'accomplit et où il s'exprime sous la forme du chemin parcouru. C'est ce chemin tangible qui donne l'illusion d'une divisibilité du mouvement lui-même. Partout où l'acte du mouvement passe, il pourrait s'arrêter. Vu du côté du trajet, le passage du mobile apparaît comme une coïncidence qui dure un instant de raison, c'est-à-dire comme « un repos infiniment court » (2). De fait, le mouvement ne s'arrête qu'une fois achevé. Bergson réfute ainsi les paradoxes de Zénon. Si l'on isole, comme des positions fixes, les points où le mouvement aurait pu s'arrêter, on ne parvient jamais à reconstituer l'acte simple qui a permis de les dépasser. En jouant sur une articulation factice du mouvement de la tortue et de celui d'Achille, on prétend que la première ne sera jamais atteinte. Le sophisme consiste à méconnaître « les conditions fondamentales de la mobilité ».

1. *Matière et mémoire*, p.209.
2. *Id.*, p.210

Cette critique atteint l'aspect déterminant du problème, mais on se demande si l'erreur de Zénon consiste à établir des coïncidences successives, qui ne sont pas imaginaires, mais réelles. Après avoir atteint, en un temps moindre, divers points d'où la tortue est partie, Achille finit par atteindre un point d'où la tortue est en train de partir. Les mots « partir », « atteindre », désignent un mouvement dont l'idée reste incomplète, donc imprécise, si l'on n'indique pas la vitesse. Celle-ci s'apprécie, se mesure, par rapport à des points. Néanmoins, c'est le mouvement qui explique la vitesse et non l'inverse.

Bergson affirme, en effet, que le mouvement procède de l'esprit, bien que s'accomplissant à travers la matière. Tel est le sens de la seconde proposition : « il y a des mouvements réels » (1). L'argumentation tend à établir la réalité d'un mouvement absolu d'origine spirituelle, qui échappe au principe de la relativité du mouvement matériel. Il semble que Bergson songe notamment à l'exemple de la promenade du Capitaine, imaginé par Spencer. Le Capitaine marche vers l'est sur le pont du navire, alors que le navire vogue vers l'ouest à la même vitesse : du point de vue des marins, le Capitaine se meut, mais il reste stationnaire par rapport à l'espace, à moins que l'on ne fasse entrer en ligne de compte la gravitation terrestre. On pourrait, pour commenter cet exemple, se contenter de rappeler la discontinuité du monde matériel : les différences de vitesse des objets marquent l'individualité de ceux-ci, chaque vitesse s'explique par un jeu de forces distinct, les coïncidences permettent de déterminer les vitesses. Bergson, cependant, ne cherche pas à expliquer les différences de vitesse d'origine purement matérielle. Il examine, d'une part, le mouvement des êtres vivants, d'autre part, le mouvement constaté dans l'ensemble du monde. Ce qui garantit la réalité du mouvement, c'est le changement qui se réalise dans l'univers. Puisque l'univers change, il doit y avoir du mouvement quelque part. En quoi ce mouvement consiste-t-il ? Est-ce un changement de lieu ? S'il en était ainsi, et si le passage d'un lieu à un autre suffisait à créer du changement, il faudrait « ériger la diversité du lieu en différence absolue, et distinguer des positions absolues dans un espace absolu » (2). L'espace géométrique comporterait des différences qualitatives incompatibles avec son essentielle homogénéité. Le mouvement se définit-il donc comme la force ? Bergson écarte cette explication, car il estime que l'idée de force n'ajoute rien à celle de mouvement, dont elle est l'expression. Au plus peut-on extraire du mouvement « la mobilité qui en est l'essence ». Chaque homme la connaît par expérience et peut la produire lui-même. Non que le sens de l'effort musculaire permette de saisir

1. *Id.*, p.215.

2. *Id.*, p.217

le mouvement dans sa nature profonde, car, ici encore, on se fierait à l'idée de force. L'expérience personnelle du mouvement est celle d'une réalité intérieure, subjective et qualitative : « je touche à la réalité du mouvement quand il m'apparaît, intérieurement à moi, comme un changement d'état ou de qualité » (1). Or, le monde extérieur m'apparaît, dans la perception, comme un ensemble de corps différenciés qualitativement et qui changent. Bergson commente : « je tiens donc les deux extrémités de la chaîne, les sensations musculaires en moi, les qualités sensibles hors de moi, et pas plus dans un cas que dans l'autre je ne saisis le mouvement, si mouvement il y a, comme une simple relation : c'est un absolu » (2). Il suppose donc que les qualités sensibles constituent, dans le monde extérieur où elles varient, l'équivalent de ce qu'est, en chaque homme qui se meut, la conscience de ses mouvements. Le mouvement est en moi « changement d'état ou de qualité », mais aussi le changement de qualité que je vois dans le monde constitue sans doute un mouvement d'ordre psychologique et indivisible.

Bergson propose une explication spirituelle de la diversité matérielle et, pour autant, n'a plus de raison de minimiser les individualités matérielles. Il s'acharne cependant à rappeler qu'il considère l'ensemble du monde extérieur. Le mouvement de l'ensemble est réel, car le monde entier change, ce qu'exprime la troisième proposition : « toute division de la matière en corps indépendants aux contours absolument déterminée est artificielle » (3). En un sens, nous distinguons des corps dont chacun est « un objet matériel indépendant » et se présente à nous comme « un système de qualités ». D'autre part, les données des sens s'étendent dans un espace continu. L'idée de mouvement, comme celle des corps mobiles, résulte d'une dissociation que nous effectuons dans une « continuité mouvante » et qui correspond aux besoins de notre action plus qu'à ceux de la science. L'étude scientifique de la matière en montre la continuité. La matérialité de l'atome chimique « se dissout de plus en plus sous le regard du physicien ». Comme on le sait désormais, « il n'y a jamais contact réel entre deux corps qui se poussent ». L'atome devient comme un système planétaire microscopique : on le conçoit comme un « centre de forces », ou comme un tourbillonnement. Ces comparaisons ne doivent pas être prises à la lettre, mais expriment un aspect de la réalité et signifient que le changement, dans l'étendue concrète, résulte de variations « de *tension* ou d'*énergie* » (4).

La tension, dans ce contexte, est celle d'une force physique et donc un phénomène immédiatement quantitatif. On peut songer

1. *Id.*, p.219 2. *Id.* 3. *Id.*, p.220 4. *Id.*, p.226

à l'emploi que Hegel fait de l'idée d'intensité opposée à celle d'extension à propos de la quantité : pour lui, la quantité extensive est la grandeur, la quantité intensive le degré. Bergson souligne à dessein l'aspect quantitatif des forces qu'il décrit pour montrer leur parenté de nature avec les phénomènes qualitatifs. La quatrième proposition constate : « le mouvement réel est plutôt le transport d'un état que d'une chose (1). Bergson commente aussitôt : « En formulant ces quatre propositions, nous n'avons fait, en réalité, que resserrer progressivement l'intervalle entre deux termes qu'on oppose l'un à l'autre, les qualités ou sensations, et les mouvements ». Les choses se ramènent à des mouvements. Ceux-ci sont tous plus ou moins des changements, à la limite, le mouvement serait le changement purement spatialisé. Dans la matière réelle, cette limite n'est jamais atteinte, le mouvement reste un changement et la communication entre les ordres opposés subsiste. La matière, l'extérieur, la quantité participent de l'esprit intérieur et qualitatif, bien que Bergson réaffirme, au même moment, l'opposition « irréductible » entre les deux ordres de la qualité et de la quantité pures. Un lien physique existe. Le mouvement matériel peut accélérer son rythme dans des proportions immenses et cette faculté transpose dans une description dynamique de la matière la divisibilité à l'infini qui caractérise la spatialité. En fait, le rythme de la matière n'atteint jamais une vitesse infinie, pas plus que l'extension ne devient réellement l'espace géométrique. Le rythme du monde garde toujours quelque proportion avec celui de notre conscience. Inversement, la qualité, animée, elle aussi, d'un mouvement qui ne saurait se ralentir à l'infini, participe toujours de l'étendue. La variété des rythmes du monde détermine les conditions générales de notre représentation. Les qualités perçues vibrent dans la matière à un rythme rapide et n'existent, dans l'esprit, qu'à un grand degré de relâchement. La conscience vibre à un rythme plus lent et elle est moins relâchée que la matière.

Bergson utilise le lien physique entre la quantité et la qualité pour expliquer la communication de réalités qui vont en sens contraires. Si la quantité, comme pour Hegel, devient extensive et intensive, cette distinction n'est que la transposition matérielle d'une autre, plus importante, entre l'extension et une tension qualitatives. Cela ne signifie pas que l'explication bergsonienne des rapports entre la matière et l'esprit soit équivoque. Les mêmes faits ne sauraient s'interpréter au choix en termes de quantité ou de qualité, car la détermination de la quantité n'indique jamais que l'aspect matériel du monde et seule la qualité peut expliquer la vie et la conscience.

1. *Id.*

Par l'extension, Bergson veut dire la nature de l'étendue. Il adopte une terminologie proche de celle de Leibniz, tout en ménageant un rapprochement avec Descartes. Selon Leibniz, l'espace est une idée que l'esprit abstrait de la matière pour expliquer la simultanéité des choses et le déplacement de la matière impénétrable. Le corps « peut changer d'espace », mais « il ne peut quitter son étendue » (1). Cependant, « il n'y a point d'espace où il n'y a point de matière » (2). L'espace est à la matière comme le temps au mouvement. Dieu peut faire le monde matériel « fini en extension », mais ne semble pas le vouloir. L'étendue n'est cependant pas infinie, car Dieu seul est « le plus grand par l'*intension* de la perfection » (3). Ici l'intension n'est pas l'intensité, mais la compréhension de l'idée. L'étendue est continue et, dans cette mesure, ne peut être constituée par des êtres infiniment petits comme des points.

Les variations de l'extension expliquent selon Bergson le passage du quantitatif au qualitatif, qui s'opère du côté le plus matérialisé de la conscience. La théorie de Bergson rappelle, en un sens, celle de Fichte. Celui-ci pose la réalité dans une conscience, mais applique au contenu de la conscience finie le principe spinoziste du parallélisme entre la pensée et l'étendue, ce qui lui permet de définir la relation du moi fini et du non moi en termes de degrés quantitatifs : si la totalité du réel est 10 et si le moi est 5, le non moi est 5. (4) Toute position quantitative d'une réalité extérieure devient la cause réelle d'une passivité qualitative du sujet (5). La quantité sert de communication entre des réalités qualitatives. L'explication bergsonienne part aussi de la conscience d'où vient la qualité. D'autre part, selon Bergson, il n'y a pas d'équivalence mais la raréfaction de la qualité du côté de la matière oblige à effectuer une évaluation quantitative. Les concepts mathématiques permettent à l'esprit de connaître la matière dans le domaine de l'étendue, où l'extension croissante accélère le rythme de la réalité. La perception, phénomène plus simple dans la pratique, mais d'une grande complexité s'il faut le décrire, permet à l'esprit de reconnaître le réel en termes spirituels. Quand la conscience veut saisir la matière, elle doit compenser la différence de rythme et c'est

1. Leibniz, *Recueil de lettres entre Leibniz et Clarke, Cinquième écrit*, par.37.
2. *Id.*, par.62.
3. Leibniz, *De la nature en elle-même ou de la puissance naturelle et des actions des créatures*, 1698, ed. Paul Janet, t.2, p.562.
4. Cf. Fichte (J.G.), *Grundlage der gesamten Wissenschaftslehre*, ed. de 1844, I, 129 et 130 ; ed. Meiner, p.51.
5. *Id.*, ed. de 1844, I, 154 ; ed. Meiner, p.75.

la mémoire qui intervient. Elle contracte les moments de la matière et transforme, pour lui imprimer la lenteur de la conscience, ce qui vibre au dehors à une vitesse plus grande : « percevoir consiste donc, en somme, à condenser des périodes énormes d'une existence infiniment diluée en quelques moments plus différenciés d'une vie intense, et à résumer ainsi une très longue histoire » (1).

La vitesse n'atteste pas la tension, mais au contraire l'extension. L'idée de tension restitue à la conscience le privilège d'exprimer sa supériorité par une image physique. Plus lent, l'esprit est du moins plus tendu. Par la tension, Bergson veut dire la vie de l'esprit, celle qu'il a décrite dans l'*Essai*, l'attention inventive qui réalise le changement, qui s'extériorise, mais qui, ce faisant, s'affaiblit. Les variations de la tension expliquent le passage de l'intérieur à une extériorité plus ou moins accentuée, qui commence dans la conscience. La représentation acquiert une certaine étendue avant de pénétrer dans la réalité environnante par l'action. La tension devient donc extension avant que celle-ci ne s'étende et ne s'accélère assez pour changer la qualité en quantité. Cependant, cette distinction ne s'applique qu'à la conscience ordinaire. Le philosophe peut prolonger la réalité dans l'un et l'autre sens au delà de l'expérience courante. De ce point de vue, la durée connaît des degrés du côté de l'esprit comme du côté de la matière. Elle se déroule à « bien des rythmes différents, qui, plus lents ou plus rapides, mesureraient le degré de tension ou de relâchement des consciences, et, par là, fixeraient leurs places respectives dans la série des êtres » (2). Tout esprit qui subsiste en un état de tension plus grande reste ontologiquement supérieur à ce qui s'est détendu davantage et qui dure sur une longueur d'onde plus rapide. A la limite, Bergson décrit un esprit aussi tendu, aussi intérieur, aussi lent que possible, qui contracterait en lui les autres esprits et la matière comme autant de mouvements moins tendus de lui-même répartis sur une échelle dont les degrés inférieurs se chiffreraient par des quantités de plus en plus grandes. Ce ne serait pas un Dieu, mais une sorte d'ange dont l'introspection, forte mais exigüe, verrait « l'histoire entière » dans « un temps très court ».

L'opposition entre la tension et l'extension est celle de deux sens contraires, mais chaque terme suppose l'autre et l'on emploie celui des deux qui désigne l'orientation principale d'un fait. Chaque terme croît si l'autre décroît, mais ce n'est là qu'une image. Ce qui s'affirme plus ou moins, c'est l'ordre de l'esprit ou celui de la matière et, entre les deux, il existe une hiérarchie.

1. *Matière et mémoire*, p.233. 2. *Id.*

III

LA NATURE

Les points de vue originaux de l'*Essai* et de *Matière et mémoire* ouvrent la voie pour tenter de réinterpréter la nature et le monde. Bergson l'entreprend dans *L'évolution créatrice.* Revenu, à la fin de *Matière et mémoire*, de la psychologie à la métaphysique, il veut réunir l'une et l'autre dans la perspective de la philosophie d'une nature qui est la vie, c'est-à-dire l'élan du monde et, en dernière analyse, la conscience : « la vie est en réalité d'ordre psychologique... C'est la conscience, ou mieux la supra-conscience, qui est à l'origine de la vie. Conscience ou supra-conscience est la fusée dont les débris éteints retombent en matière » (1). Il s'agit, dès lors, d'interpréter un problème connu plutôt que de découvrir un problème choisi. Bergson, en abordant un thème topique de la philosophie, prend la suite de penseurs plus ou moins admirés et plus ou moins récents, dont les témoignages, tantôt concordants et tantôt discordants, forment un acquis dont il semble nécessaire et difficile de tenir compte. Avant d'achever son nouveau livre, Bergson a pu s'interroger plus minutieusement qu'avant sur ses prédécesseurs, notamment les post-kantiens. En 1897, l'année d'après la parution de *Matière et mémoire*, il évoque certains d'entre eux avec considération : « En quoi la philosophie de Schelling ou de Hegel, voire celle de Spencer, sont-elles moins encyclopédiques, moins vastes ou moins riches que celles de Thalès, de Platon et d'Aristote ? » (2). Bergson, à cette époque, ne se préoccupe évidemment pas que des philosophes, mais continue à étudier l'œuvre des savants, c'est-à-dire désormais celle des biologistes plus que celle des psychologues expérimentaux. Cependant, le texte cité confirme l'idée d'une méditation bergsonienne plus intense ou renouvelée sur deux penseurs au moins qui ont étudié de près la vie organique.

Schelling a conçu le projet grandiose de construire une philosophie de la nature bien que, pour lui, la philosophie soit une. Le savoir est sujet et objet identifiés l'un à l'autre par la Raison. En un sens,

1. *L'évolution créatrice,* p.179.
2. *Mélanges,* Compte-rendu des « Principes de métaphysique et de psychologie » de Paul Janet, p.381 et 382.

toute philosophie est celle de la nature. Pourtant, une philosophie dynamique doit compléter la mécanique. Dans le *Système de l'idéalisme transcendantal,* Schelling décrit la genèse de la conscience active. L'espace est une force qui tend à s'épandre à l'infini. L'esprit s'oppose l'objet spatial. Il acquiert le sens de lui-même comme « pure intensité », comme « activité qui n'est capable d'expansion que dans un sens » (1). Cette activité, considérée comme objet, est le temps. Pour le moi, l'objet apparaît « comme la négation de toute intensité, c'est-à-dire comme pure extension ». D'autre part, l'intelligence, ou l'esprit, qui progresse à travers la succession de ses représentations, se connaît en tant qu'organisation. L'organisation est la succession contenue et fixée dans des limites. L'intelligence aspire sans cesse à s'organiser et le fait de façon progressive. L'intelligence empirique, incapable de saisir l'univers en une fois, cherche au moins à le produire dans le temps, par un développement de ce qui serait la synthèse absolue : « Cette évolution limitée et vue comme telle est l'organisation » (2). La nature apparaît donc à Schelling comme un aspect du grand tout de l'univers.

Il l'indique avec une netteté particulière dans son écrit précoce *L'âme du monde,* où il envisage deux forces contraires, dont l'unité dans le conflit organise les choses. Il définit l'organisme vivant comme une succession contenue qui revient s'écouler en elle-même (3). Le

1. Schelling (FWJ), *System des tranzendentalen Idealismus,* 1800 Zweite Epoche, D, II. Voici ce passage en entier : « Indem das Ich das Objekt entgegensetzt, entsteht ihm das Selbstgefühl, d.h. es wird sich als reine Intensität, als Tätigkeit, die nur nach einer Dimension sich expandieren kann, aber jetzt auf einen Punkt zusammengezogen ist, zum Objekt, aber eben diese nur nach einer Dimension ausdehnbare Tätigkeit ist, wenn sie sich selbst Objekt wird, Zeit. Die Zeit ist nicht etwas, was unabhängig vom Ich abläuft, sondern das *Ich selbst* ist die Zeit in Tätigkeit gedacht. Da nun das Ich in derselben Handlung sich das Objekt entgegensetzt, so wird ihm das Objekt als Negation aller Intensität, d.h. es wird ihm als reine Extensität erscheinen Müssen ».
(« Quand le moi s'oppose l'objet, il acquiert le sens interne et devient un objet pour lui-même comme pure intensité, comme activité qui n'est capable d'expansion que dans un sens mais se trouve concentrée en un seul point ; dès lors que cette activité incapable de s'étendre dans plus d'une dimension devient un objet pour elle-même, elle n'est autre que le temps. Le temps n'est pas quelque chose qui se déroule à part du moi ; c'est le *moi lui-même* qui est le temps envisagé dans son activité. « Le moi s'oppose l'objet dans la même opération et l'objet doit donc lui apparaître comme la négation de toute intensité, c'est-à-dire comme pure extension »).

2. *Id.,* D, IV : « Diese Evolution begrenzt und als begrenzt angeschaut, ist die Organisation ».

3. Schelling (FWJ), *Von der Weltseele, eine Hypothese der höheren Physik zur Erklärung des allgemeinen Organismus,* 1798, Avant-Propos : « Dieser Begriff – des Organismus – bezeichnet nur eine Succession, die *innerhalb gewisser Grenzen eingeschlossen* in sich selbst zurückfliesst ».

processus de la vie constitue la plante et l'animal. Tout ce qui présente le caractère de l'individualité doit être une organisation. Schelling en conclut : « L'essence du processus organisateur doit donc consister à individualiser la matière à l'infini » (1). Il faut concilier l'unité du processus vital du tout et l'individualité des processus dans chaque organe particulier. En fin de compte, « un seul et même processus vital s'individualise à l'infini dans chaque être particulier. »

Décrire la nature, c'est décrire l'esprit qui émerge, le moi qui, sujet-objet de la conscience, se dégage du sujet-objet naturel. Hegel, comparant Schelling à Fichte avant de proposer lui-même une explication du monde, montre comment la dualité du sujet et de l'objet est conçue de façon plus complexe. Fichte pose un sujet-objet subjectif, Schelling un sujet-objet objectif. Schelling, cependant, situe ce sujet-objet tantôt dans la science de l'esprit, où il est surtout sujet, tantôt dans celle de la nature, où il est surtout objet. Le pôle subjectif ou objectif domine le pôle opposé sans l'éliminer : « Le premier n'atteint pas, dans la nature, au point de l'abstraction absolue, qui, en elle-même, se pose en tant que point et s'oppose à l'expansion infinie, comme lorsque l'idéel se construit dans la Raison ; le second n'atteint pas, dans l'intelligence, à l'enveloppement de l'infini, qui, en cette contraction, sans fin se pose lui-même, comme lorsque le réel se construit dans la nature » (2).

Le moi temporel de Schelling est rationnel et c'est un lien dialectique qui l'unit à la nature, où la distinction entre les sexes est présentée, non sans un peu de fantaisie, comme un obstacle artificiel destiné à déclencher une succession. Schelling constate aussi qu'en réalité la fixité des espèces organiques tend à faire obstacle au mouvement de la vie.

Schopenhauer, qui souligne le lien entre l'individualité et ce qu'il appelle l'objectivation de la volonté dans l'organisme et qui voit en l'espèce une idée se développant dans le temps, affirme l'hérédité des caractères individuels. Il passe aussitôt à la question de l'hérédité des caractères moraux.

La philosophie pure, dans ce domaine, ne peut guère jouer avec l'inconnu. Elle tient compte de la science et, en particulier, elle s'est

1. *Id., Ueber den Ursprung des allgemeinen Organismus,* III, 5, A *Zusätze,* 2 : « Das Wesen des organisierenden Prozesses muss also im *Individualisieren der Materie ins Unendliche* bestehen ».

2. Hegel (GW), *Differenz des Fichte'schen und Schelling'scher Systems der Philosophie,* 1801, ed. Meiner, p.86. « Jener [Pol] Kommt in der Natur nicht bis zum Punkt der absoluten Abstraktion, die sich gegen die unendliche expansion als Punkt in sich selbst setzt, wie das Ideelle sich in der Vernunft konstruiert ; dieser kommt in der Intelligenz nicht bis zur Einwicklung des Unendlichen, das in dieser Kontraktion sich unendlich ausser sich setzt, wie das Reelle sich in der Materie konstruiert ».

inspirée des travaux de von Baer, qui donnèrent une impulsion décisive à l'embryologie. Sur le plan des conclusions philosophiquement utilisables, une idée principale se dégage de ses écrits : un germe, et non pas une « cellule », a constitué le point de départ du processus vital. Par la suite, l'évolution a progressé d'individuation en individuation. Résumant sa propre doctrine, von Baer affirme : « La terre n'est donc que la couche ensemencée sur laquelle prolifère l'héritage spirituel de l'homme ; l'histoire de la nature n'est autre que celle des victoires de plus en plus grandes remportées par l'esprit sur la matière. Telle est l'idée fondamentale de la création ; pour s'y conformer, mieux, pour y accéder, elle laisse s'éteindre individus et séries d'êtres créés ; elle édifie le présent sur la charpente d'un passé incommensurable » (1). Il ajoute : « L'histoire du développement de l'individu est celle d'une individualité qui grandit sous tous les rapports » (2).

Von Baer part de l'hypothèse philosophique de l'unité de la vie, nettement définie par Schelling et dont Hegel constate, dans l'*Encyclopédie*, qu'elle se dégage des travaux de Goethe sur les plantes. Il étend cette hypothèse à l'histoire de la vie. Il explique le passage de la matière inerte à l'organique par la « forme vésiculaire ». A partir du germe initial, tous les organismes ultérieurs se sont engendrés, tous sont parents par le protoplasme. L'hypothèse scientifique complète et justifie celle de la philosophie. Von Baer précise la création en adoptant la théorie, alors en progression, du transformisme. Le point de vue embryologique facilite l'unification. Celui des espèces envisagées dans l'organisme adulte permet de chercher les causes de la transformation. Les auteurs énumérés par Spencer, c'est-à-dire De Maillet, Erasme, Darwin, Lamarck, puis Charles Darwin et de nombreux autres, contemporains ou plus récents, s'y sont employés. Spencer lui-même décrit l'espèce humaine comme un aboutissement du développement de la vie organique. La *Statique sociale* affirme déjà le principe d'une adaptation par transformation. Le mal tend à disparaître, car tout organisme s'adapte au milieu où il vit : « exposés à la rigueur des hivers du nord, les animaux de la zone tempérée acquièrent une

1. Karl Ernest (Karl Maksimovic) von Baer, 1792-1876 citant une série de passages essentiels de ses écrits dans la conférence *Ueber Darwins Lehre, Reden*, vol. II, Saint-Pétersbourg, 1876, p.246 : « So ist der Erdkörper nur das Samenbeet, auf welchem der geistige Erbteil des Menschen wuchert und die Geschichte der Natur ist nur die Geschichte fortschreitender Siege des Geistes über den Stoff. Das ist der Grundgedanke der Schöpfung, dem zu gefallen, nein, zu dessen Erreichung sie Individuen und Schöpfungsreihnen schwinden lässt, und die Gegenwert auf dem Gerüste einer unermesslichen Vergangenheit erhebt ». Spencer a pu s'inspirer de l'ouvrage fondamental *Ueber Entwicklungs-geschichte der Tiere*, Beobachtung und Reflexion, 1828-1888.

2. *Id.*, p.251 : « Die Entwicklungsgeschichte des Individuums ist die Geschichte der wachsenden Individualität in jeglicher Hinsicht ».

fourrure plus épaisse et deviennent blancs » (1). La transformation physique et morale se fixe : « Le développement de la société, comme celui de l'homme et celui de la vie en général, est, peut-on dire, une tendance à s'individualiser, à devenir *une chose* » (2). Les *Premiers principes* constituent, sinon une logique, du moins une théorie des données essentielles de la nature, qui servent de cadre conceptuel à la science. Les lois de la vie, c'est-à-dire d'abord la loi de l'évolution, régissent l'univers. Il existe une parenté, mais aussi une distinction, entre l'évolution et le progrès. L'idée de progrès est téléologique et ne concerne que l'humanité. L'évolution concerne d'abord l'organisme, mais sa loi est universelle : le système solaire, les espèces, les sociétés, semblent évoluer de l'homogène à l'hétérogène, de l'indistinct au précis.

Dans les *Principes de la biologie,* Spencer constate : « Schelling a dit que la vie est la tendance à s'individualiser » (3). Cette formule à elle seule ne sert pas à grand chose, mais l'étude du développement de la vie lui donne un sens. L'individualisation n'explique pas tout, car elle caractérise les changements de structure, mais non les modifications fonctionnelles. D'autre part, elle se manifeste dans la matière inerte, par exemple dans la cristallisation. La vie est faite de changements « successifs et simultanés » dont le processus se déroule dans des corps dynamiques et non statiques. Ces phénomènes sont coordonnés et aboutissent à des modifications précises. L'organisme grandit d'une manière ou d'une autre, mais la croissance reste liée à l'organisation. Ni la plante, ni, encore moins, l'animal ne peuvent grandir indéfiniment : un oiseau de proie de la taille d'un éléphant volerait avec peine et le chien perdrait son agilité, qui l'avantage par rapport à la vache. L'embryologie illustre le principe général du progrès. Chaque individu commence par être une forme embryonnaire d'abord simple, qui se complique en grandissant. Les espèces se différencient de la même façon. Spencer rappelle l'hypothèse de von Baer. Tout organisme, au début, ressemble à tous les autres. Au fur et à mesure que l'embryon évolue, il ressemble de moins en moins à un nombre de plus en plus restreint d'embryons des autres espèces. Pour finir, il se fixe dans la forme de son espèce. Concrètement, cela revient à dire que les espèces suivent des chemins différents jusqu'à l'ultime bifurca-

1. Spencer (H), *Social Statics,* Londres, 1851, p.59 : « if exposed to the rigour of northern winters, animals of the temperate zone get thicker coats, and become white ».

2. *Id.,* p.455 : « The development of society, as well as the development of man and the development of life generally, may be described as a tendency to individuate - *to become a thing* ».

3. Spencer (H), *The Principles of Biology,* vol.1, p.78 : « Schelling said that Life is the tendency to individuation ».

tion qui mène l'individu à sa forme unique (1). L'ordre de la nature est plus complexe. L'ensemble évolue et les éléments aussi. Les unités perdent peu à peu leur individualité dans l'ensemble. Les fonctions de la vie sont d'assurer la cohésion de l'organisme et d'y accumuler, d'y transférer ou d'y dépenser de l'énergie. Les changements inhérents à ces fonctions semblent précéder les changements de structure et leur confèrent, selon la formule de Milne-Edwards, le caractère d'une « division du travail physiologique » (2). Spencer écarte, comme inopportune, la définition de l'individualité par la descendance d'un germe unique : celle-ci peut en effet se diviser. Dans la matière inerte, on reconnaît l'individualité à « l'union des parties » et à « la séparation d'avec les autres objets ». L'individu végétal ou animal est « concret » et non « abstrait ». Spencer le définit : « tout ensemble concret pourvu d'une structure lui permettant, dans des conditions appropriées, d'adapter sans cesse ses relations internes aux relations externes afin de maintenir l'équilibre de ses fonctions »(3). Les individus varient. Tels qu'ils existent, on les classe et on étudie leur répartition, tout en constatant l'évolution quand elle se manifeste.

Quand Bergson, dans *L'évolution créatrice* comme dans l'*Essai* et *Matière et mémoire*, oppose les deux ordres de la durée et de l'étendue, le contraste reste celui de la tension et de l'extension. L'esprit vivant subit une distension dans la nature. La matière, par une extension idéale portée à la limite, devient l'espace. En fait, elle est dans un état de cohésion relative maintenu par un vestige de tension, c'est-à-dire de diversité unifiée. Les différences physiques ou chimiques qui expliquent la diversité qualitative de la matière expriment cette tension présente dans l'extension. L'esprit les retrouve quand, sous forme organique, il traverse cette matière déjà issue de lui. Par la vie, il lui imprime une tension plus forte et crée « une réalité qui se fait dans une réalité qui se défait » (4). Bergson ne se contente pas d'opposer les mouvements de sens contraire de l'esprit et de la matière, mais envisage, à contre-courant de l'esprit, la continuité de deux mouvements de même sens qui se prolongent : la distension spirituelle et l'extension matérielle. C'est malgré l'une et l'autre que s'affirme l'élan. La vie se trouve contenue par la matière, qui l'extériorise et en fixe la diversité. La vie est « une immensité de virtualité, un empiètement mutuel de mille et mille tendances qui ne seront pourtant « mille et

1. *Id.*, p.171. 2. *Id.*, p.204.

3. *Id.*, p.250 : « Hence, a biological individual is any concrete whole having a structure which enables it, when placed in appropriate conditions, to continuously adjust its internal relations to external relations, so as to maintain the equilibrium of its functions ». Cf. Locke (J.), *Essay, Identity of Vegetables.*

4. *L'évolution créatrice*, p.248.

mille » qu'une fois extériorisées les unes par rapport aux autres, c'est-à-dire spatialisées. Le contact avec la matière décide de cette dissociation. La matière divise effectivement ce qui n'était que virtuellement multiple et, en ce sens, l'individuation est en partie l'œuvre de la matière, en partie l'effet de ce que la vie porte en elle »(1).

Bergson définit l'individualité des organismes dans des termes qui indiquent un accord de principe avec Spencer sur ce point. Le corps vivant a été « isolé et clos par la nature » (2). Il se compose de parties hétérogènes qui se complètent les unes les autres. Il accomplit des fonctions diverses, qui s'impliquent les unes les autres. Bergson commente : « d'aucun autre objet, pas même du cristal, on ne peut en dire autant ». Cependant « l'individualité n'est jamais parfaite... il est souvent difficile, parfois impossible, de dire ce qui est individu et ce qui ne l'est pas » (3). La relativité de tout organisme se manifeste dans la reproduction : chaque individu n'est pas que lui-même, mais un porteur de l'avenir de l'espèce. Le vieillissement marque une limite non seulement de la croissance, mais de la vie.

A propos des théories de l'évolution, Bergson, comme Spencer, part de l'embryologie. La paléontologie la confirme. Cependant, dès le départ, Bergson assure son œuvre philosophique contre les risques d'erreur de l'hypothèse fondamentale. Même si « les espèces sont nées par un processus discontinu dont nous n'avons aucune idée », la doctrine ne s'en trouve pas « atteinte dans ce qu'elle a de plus intéressant et, pour nous, de plus important » (4). Si les directions discernées dans la nature ne correspondent pas à une évolution, elles restent celles de la vie, dont elles aident à comprendre le sens. Il faut donc adopter le langage du transformisme. Bergson l'adopte et discute deux thèses déjà rencontrées. En premier lieu, la science sait-elle mieux que le sens commun s'il faut attribuer l'origine de la vie à un germe ou à une cellule ? Bergson s'abstient de trancher. La vie progresse d'un germe à un germe, mais seulement par l'intermédiaire d'un organisme développé. En second lieu, l'individuation n'est que l'un des aspects du processus vital. L'association n'attend pas le développement : « Au plus bas de cette échelle des organismes, nous trouvons déjà de véritables associations, et s'il faut en croire un travail récent, la tendance à s'individuer par la constitution d'un noyau » (5). Il y a « dans tout le domaine de la vie, un balancement entre l'individuation et l'association » (6). En effet l'élan vital ne correspond ni à l'unité, ni à la multiplicité : « si la matière à laquelle il se communique le met en demeure d'opter pour l'une des deux, son option ne sera jamais définitive : il sautera indéfiniment de l'une à l'autre ».

1. *Id.*, p.259. 2. *Id.*, p.12. 3. *Id.*, p.14 et 15.
4. *Id.*, p.25. 5. *Id.*, p.250. 6. *Id.*, p.259.

Bergson passe en revue les théories de l'évolution. Il critique Darwin et la théorie de la modification progressive et accidentelle des espèces. L'idée d'accident prend ici un sens particulier. Darwin affirme l'hérédité des effets de la lutte pour la vie. La survie du plus viable attache l'individu aux caractères qui lui garantissent l'adaptation. Il reste à expliquer à la fois la modification et sa transmission héréditaire. Les variations brusques ne s'expliquent pas si l'on n'établit pas l'existence d'une lésion, par exemple, qui produit des effets divers, mais solidaires, par exemple dans le cas des chats blancs aux yeux bleus dont Darwin constate la surdité. Bergson critique aussi la théorie des modifications convergentes de l'organisme déterminées par l'influence des conditions extérieures. La théorie de Lamarck selon laquelle l'usage ou le non-usage des organes tend à les développer ou à les atrophier et peut produire des modifications susceptibles de transmission héréditaire autorise une explication psychologique. Encore faut-il que le mode de vie agisse sur le plasma germinatif. Le changement procède d'un effort interne profond.

De cette étude, il ressort que le transformisme reste une hypothèse. Bergson en oppose l'enseignement général aux deux thèses séculaires du mécanisme et de la finalité. Les causes efficientes sont réelles, mais n'expliquent pas le sens et la coordination du monde. Les causes finales expriment bien l'intention qui résulte de la spiritualité radicale du monde, mais déforment l'image de l'esprit. La progression ne va pas d'une cause à une fin, mais d'un point à un autre selon une intention : ou plutôt, quand l'esprit a progressé en allant de l'avant, on voit un lien entre le point de départ et le point d'arrivée, l'un et l'autre artificiels.

Quant aux faits de l'évolution, il sera ici permis de s'en remettre aux savants pour les apprécier. Chacun se rend compte que la faune terrestre a changé. Les sauriens géants de l'ère secondaire ont disparu. Leurs successeurs de l'ère quaternaire tiennent moins de place. L'ancêtre des félins a perdu sa paire de longues dents saillantes. Le mammouth a disparu des régions froides malgré son pelage. Est-ce un développement ?

Quoiqu'il en soit, Bergson suppose que les plantes et les animaux se développent par l'effet d'un même élan et sont issus d'un élément vital plus simple, commun aux deux, qui s'est différencié : la cellule. Un seul et même élan crée l'être vivant ou le constitue dans la nature organique et anime l'organisme une fois constitué. La cellule présente déjà les caractères de toute vie. Elle absorbe d'autres éléments pour les conserver et les transformer en sa propre substance. Elle utilise une sorte d'artifice physico-chimique à des fins irréductibles à la physique ou à la chimie. Elle est animée d'une durée, d'un changement interne, qui la fait progresser. C'est pourquoi la première cellule a grandi. Plus elle grandissait, plus la vie devenait puissante ; mais la matière lui opposait sa force d'inertie et la vie procédait d'un élan limité. La permière cellule ne pouvait, à force de s'accroître, devenir coextensive au monde matériel : de quoi, d'ailleurs, se serait-elle alors nourrie ? Quand elle est arrivée au maximum de sa croissance, l'effort qu'elle a fait pour grandir encore l'a divisée. La nouvelle cellule, à son tour, a grandi puis s'est dédoublée. Ainsi commença l'évolution de la vie, qui biaisait avec la matière. Un processus comparable a permis l'apparition des formes organiques différenciées et des espèces. L'organisme est un agrégat de cellules qui se servent les unes les autres par une sorte de division du travail : « l'organisme complexe et quasi-discontinu fonctionne ainsi comme eût fait une masse vivante continue, qui aurait simplement grandi » (1). L'unité vivante sacrifie son indépendance à l'efficacité d'une collectivité organique, celle de l'être vivant, dont l'individualité renferme une pluralité d'éléments. La vie accroît son rendement grâce à l'apparition d'organismes complexes et d'espèces distinctes. L'évolution s'accomplit sur deux plans : formation de nouveaux individus, formation de nouvelles espèces.

Pour comprendre ce qu'est une forme organique, il faut savoir comment l'élan créateur agit sur la matière. Si, dans la perception, le champ perceptif est découpé selon les mêmes contours que l'action virtuelle du sujet percevant, la vie dans son ensemble joue un rôle comparable à l'égard des formes organiques. L'action virtuelle découpe le champ perceptif comme un progrès simple dans un milieu ambiant complexe. L'élan vital, acte simple, traverse un milieu d'extériorité. L'acte par lequel l'élan crée les organes peut être comparé à n'importe quel geste vivant, celui par exemple de lever la main. Si je lève la main, je perçois mon geste du dedans comme indivisible. Je le situe du dehors comme le parcours d'une courbe définie, dans laquelle je peux distinguer un nombre indéfini de positions successives. L'organisme, ou l'organe, est de même la canalisation d'un acte spirituel en lui-même indivisible. L'oeil « pourrait n'être que l'acte simple de la vision, en tant qu'il se divise pour nous en une mosaïque de cellules, dont l'ordre nous semble merveilleux une fois que nous nous sommes représentés le tout comme un assemblage » (2). L'interruption de l'acte spirituel par la matière suit une ligne le long de laquelle l'acte et la résistance s'équilibrent. C'est ce qu'exprime la comparaison de la limaille de fer. Si je déplace ma main dans de la limaille, mon geste, quand il s'achève, y marque une empreinte. Ainsi, l'organisme ou l'organe se présente-t-il comme une solidification de la vie, qui marque

1. *Id.*, p.100. 2. *Id.*, p.91.

le point où celle-ci s'épuise dans la résistance de la matière. A l'intérieur de la forme nouvelle, l'élan ne s'épuise pourtant pas, car il l'anime : « L'élan créateur, se conservant sur les lignes d'évolution entre lesquelles il se partage, est la cause profonde des variations, du moins de celles qui se transmettent régulièrement, qui s'additionnent, qui créent des espèces nouvelles. En général, quand des espèces ont commencé à diverger à partir d'une souche commune, elles accentuent leur divergence à mesure qu'elles progressent dans leur évolution (1).

L'unité de la vie persiste cependant à travers la diversité naturelle. Chaque manifestation de la vie contient les caractères essentiels des autres « à l'état rudimentaire, ou latent, ou virtuel » (2). Les classifications s'établissent en fonction de ceux des caractères communs que chaque forme accentue particulièrement. Dans la classification initiale des êtres vivants, qui distingue la plante de l'animal, on constate que chacun des deux groupes accentue l'un des aspects de la faculté principale de la vie, qui consiste à transformer le mouvement nécessaire en mouvement libre.

Le végétal acquiert la faculté de tirer sa subsistance du monde matériel. Ici, le vivant doit entrer directement en contact avec l'inerte. La diversité organique communique avec les différences de la matière inorganisée. La vie n'utilise pas n'importe quels éléments chimiques, mais suit un processus particulier, celui de la fonction chlorophylienne. La nature entière dépend donc du carbone, ce qui influe sur l'aspect de la vie : avec un autre élément de base, l'évolution, les espèces seraient autres.

L'animal ne peut, comme le végétal, se nourrir directement sur place d'éléments inorganiques. Il doit se procurer des aliments organiques. Il accentue la mobilité. Il prend à son compte l'aspect essentiel de la vie : alors que la plante est une impasse pour l'évolution, l'animal réalise les conditions qui laissent espérer des progrès ultérieurs. L'animal utilise la plante comme un moyen. Ce n'est pas là l'effet d'une finalité : les deux groupes sont complémentaires, mais non coordonnés.

A l'intérieur du règne animal, les efforts faits par les différentes espèces pour se mouvoir librement ne réussissent pas avec un bonheur égal. L'évolution exprime cette recherche, par la vie, de la liberté du mouvement. L'animal doit d'abord, comme la plante, accumuler l'énergie des aliments. Il les change en « explosifs », non seulement pour survivre, mais pour se déplacer, faculté qui sert d'abord de moyen de survie et devient ensuite le moyen d'accomplir de nouveaux progrès. La dépense de l'énergie alimentaire se perfectionne avec le système nerveux. La mobilité ne dépend pas nécessairement des nerfs, car

1. *Id.*, p.88. 2. *Id.*, p.158.

l'amibe se meut rien qu'en se déformant, mais les nerfs, dès qu'ils existent, facilitent la mobilité. Le système nerveux constitue « un véritable réservoir d'indétermination » (1). Les descriptions de *L'évolution créatrice* rejoignent celles de *Matière et mémoire*, où le cerveau était considéré comme un centre reliant l'excitation à un mécanisme moteur « choisi et non plus imposé » (2). La partie de *L'évolution créatrice* relative au « schéma de la vie animale » tend à établir qu'un animal développé est « essentiellement constitué par un système sensori-moteur » installé sur un système d'organes auxiliaires. Les progrès du système nerveux manifestent deux tendances antagonistes : ils permettent, d'une part, des mouvements plus précis, d'autre part, une plus grande latitude de choix entre les mouvements. Tel est l'un des points tournants de l'évolution de la vie, car la locomotion nécessite la conscience : « l'organisme le plus humble est conscient dans la mesure où il se meut librement » (3). La conscience s'éveille à mesure des progrès de la vie et, surtout, à partir du stade de l'animalité mobile. La conscience est à la fois cause et effet du mouvement. Elle l'oriente, mais n'apparaît que pour l'orienter et s'endort quand il prend fin.

Les progrès de la conscience qui accompagnent le développement des espèces se situent sur deux voies divergentes, celle de l'instinct et celle de l'intelligence. La première correspond, dans l'ensemble, aux arthropodes et aux insectes, la seconde aux vertébrés, plus parfaits. Bergson précise d'ailleurs que la torpeur végétative, l'instinct et l'intelligence ne sont pas trois degrés de la vie, mais trois formes distinctes que celle-ci revêt, accentuées plus ou moins selon les espèces et plus ou moins aptes à permettre les progrès de l'évolution. L'instinct et l'intelligence peuvent être considérés comme deux solutions « également élégantes » du problème vital.

Les mouvements instinctifs peuvent être des plus complexes et perfectionnés. L'insecte accomplit des actes savamment articulés, mais déterminés par les caractéristiques de son organisme. Le corps des abeilles ou des fourmis leur permet et leur impose une organisation sociale et un système d'activités d'un certain point de vue remarquables. Le célèbre Sphex Ammophile, cité par Bergson, donne neuf coups d'aiguillon à neuf centres nerveux d'une chenille et parvient à la paralyser sans la tuer. L'acte instinctif est sûr de lui et n'attend pas, dans un éveil de la conscience, le passage de l'état virtuel à l'état réel. L'instinct ne fait que prolonger l'organisation de la matière par la vie. Il anime une forme préfixe sans tenter aucune variation. Tout

1. *Id.*, p.127. 2. *Matière et mémoire*, p.26.
3. *L'évolution créatrice*, p.112.

changement d'activité nécessiterait la création d'une forme différente.

Les mouvements intelligents sont moins spécialisés et ne se déduisent pas des caractères de l'organisme, car celui-ci permet de choisir entre des actes susceptibles d'usages plus divers. Les animaux de type intelligent vivent dans un monde de liberté et de conscience accrues. Au début, l'intelligence accompagne l'instinct et lui donne un peu de la souplesse dont il serait sinon dépourvu. Au delà, l'intelligence dépasse l'instinct dont elle ne retient plus que certaines orientations générales de la vie.

La première fonction de l'intelligence est la libre locomotion elle-même, c'est-à-dire la faculté de se déplacer dans n'importe quelle direction et d'éclairer tout déplacement par des informations perceptives d'ampleur correspondante.

La deuxième fonction de l'intelligence consiste à fabriquer des outils. Certains animaux savent reconnaître et même utiliser quelques instruments artificiels. Seul l'homme sait les fabriquer et réalise pleinement la vie intelligente. A l'opposé de l'instinct, l'homme se libère des contraintes et des limites de sa forme naturelle et se sert de la liberté qu'elle lui donne pour fabriquer des instruments qui décupleront ses moyens d'action.

Alors que l'instinct construit et utilise des instruments organisés, c'est-à-dire des organismes et des organes, l'intelligence fabrique des instruments inorganisés. La différence procède de la nature de ces formes de la conscience. L'instinct saisit la vie de l'intérieur, l'intelligence de l'extérieur. L'instinct saisit des choses sans pouvoir étendre sa portée ; l'intelligence peut chercher à s'appliquer à des domaines nouveaux, mais elle appréhende son objet du dehors et ne saisit que des rapports. La même différence se traduit dans l'effet de l'acte intellectuel. L'intelligence attribue à son objet les caractères de l'outil qu'elle veut fabriquer. Elle use parfois d'objets d'origine organique, mais elle les traite de la même façon que la matière brute. Elle se représente essentiellement « le solide inorganisé ». Elle objective ce à quoi elle s'applique et le conçoit sous la forme de choses extérieures pourvues d'une individualité « provisoirement définitive ». Elle pense des objets qu'elle découpe et distingue dans l'extériorité, puis qu'elle organise selon un système déterminé. Fixés dans leur distinction et leurs rapports, ces objets présentent un caractère d'immobilité.

La troisième fonction de l'intelligence est plutôt un ensemble d'activités qui ont pour trait commun de permettre la pensée et l'action individuelles et la communication entre individus. Elle représente l'essentiel du progrès de la vie humaine. Elle explique que Bergson attribue à l'humanité, dans la nature, une place sinon prédestinée, du moins exceptionnelle : « Tout se passe comme si un être indécis et flou, qu'on pourra appeler comme on voudra, homme ou surhomme, avait cherché à se réaliser, et n'y était parvenu qu'en abandonnant une partie de lui-même. Ces déchets sont représentés par le reste de l'animalité, et même par le monde végétal, du moins dans ce que ceux-ci ont de positif et de supérieur aux accidents de l'évolution » (1).

Cependant, le progrès qui accompagne l'intelligence humaine n'est que l'un des effets de la vie intelligente et ne s'accomplit que lentement. L'intelligence produit un autre effet, qui tient une place importante et qui tend, à l'inverse, à ramener l'homme au niveau de l'instinct : l'acquisition des habitudes, qui forment une grande part de son activité.

L'organisme humain ne change pas de nature quand l'homme acquiert une habitude, mais l'activité se transforme. L'homme, en agissant, se fatigue et cela d'autant plus que le mouvement à exécuter lui est moins familier. L'habitude consiste à réduire la dépense d'énergie nécessitée par l'acte en montant, délibérément, une sorte d'automatisme. L'expérience acquise simplifie l'acte qui permet de résoudre un problème vital s'il se pose de façon récurrente et appartient donc à une catégorie. L'indétermination qui suscitait la conscience et appelait un choix libre s'efface devant l'application d'un processus tout fait. La tâche est identifiée sans hésitation dès l'apparition de quelque fait qui signale le problème. L'acte accompli dans le passé pour le résoudre est reproduit en réponse au signal. L'habitude ressemble donc à l'instinct par l'automatisme du comportement et la faible intensité de la conscience. Comme l'acte instinctif, l'acte habituel semble se distinguer à peine de la résistance du milieu où il s'accomplit. Comme l'instinct, l'habitude place l'être vivant à l'intérieur de la matière.

Les animaux intelligents acquièrent des habitudes et se prêtent plus ou moins bien au dressage. L'homme est éminemment capable d'habitude. Il sait acquérir et adapter de nombreuses habitudes. Il sait opposer à toute habitude une habitude contraire. Il sait, dans chaque cas particulier, choisir l'habitude la plus appropriée et, éventuellement, ramener un mouvement en partie nouveau, qu'il veut exécuter, à un mouvement déjà connu. Ici les textes de *L'évolution créatrice* s'expliquent par ceux de *Matière et mémoire*. La mémoire active et physique, celle des « mécanismes moteurs », permet de constituer l'habitude. Il n'y a pas alors à proprement parler représentation, mais répétition d'actes définis. Reconnaître un objet usuel signifie s'apprêter à exécuter les mouvements, devenus habituels, que comporte son utilisation. Bien que l'habitude permette d'agir d'une façon qui res-

1. *Id.*, p.267.

semble à l'instinct, elle reste liée à l'intelligence et présente, dans sa structure sinon dans ses effets, les caractères de l'intellectualité. Il n'y a pas là de contradiction. L'acte instinctif de l'insecte ressemble à la vie parce que l'organisme dont procède l'instinct assume tous les caractères de la matière. De même l'habitude est-elle sinon une modification, du moins une discipline de l'individu, qui imite, sous forme intellectualisée, les caractères d'un organisme instinctif. Les habitudes, intériorisées dans leur mise en œuvre, sont par leur structure des rapports consolidés et extériorisés entre des actes et font de l'être vivant une sorte d'outil destiné à atteindre tel ou tel résultat pratique déterminé.

Il est malaisé de déterminer les rôles respectifs du physique et du mental dans la théorie bergsonienne de l'habitude. Bergson distingue l'habitude, forme du comportement, de l'usage ou du non-usage des organes qui pourrait expliquer une évolution. Cependant, il attribue aux habitudes humaines un effet moteur dont la force active est nerveuse et le contrôle cérébral. D'autre part, c'est l'aspect psychique de l'habitude qu'il retient comme le plus important et, sur ce plan, il rejoint Spencer et peut-être Darwin à bien des égards. Il montre comment l'habitude tient sa place à tous les niveaux de l'activité intelligente et intellectuelle et ne s'en inquiète nullement. Or au même moment, il aborde l'étude des facultés supérieures de l'être humain et semble minimiser les conditions naturelles de la liberté et l'intelligence, dont il a pris tant de peine à expliquer l'origine et l'importance. La vie, selon lui, tendait à permettre l'indétermination motrice. Le capital énergétique accumulé par l'organisme était soumis au contrôle de l'intelligence, seule capable d'en user dans la lumière de conscience suscitée par l'exigence d'un choix. L'usage de l'indétermination était un acte intellectuel. De même, dans la mesure où l'habitude économisait l'indétermination, il appartenait à l'intelligence de restituer aux actes devenus automatiques la souplesse requise par les évènements. A tous égards, l'intelligence était la faculté de la liberté, donc du changement et, en ce sens, de la vie. Que devient-elle, selon Bergson, au stade suivant du progrès de la conscience ?

IV

LA CONNAISSANCE FAIT NATUREL

L'étude de la nature mène de l'individualité de l'être vivant à l'unité des idées et révèle, avec la genèse de la pensée, certains de ses caractères. Bergson affirme, dans *L'évolution créatrice* : « la *théorie de la connaissance* et la *théorie de la vie* nous paraissent inséparables l'une de l'autre » (1). Sans critique de la connaissance, la théorie de la vie doit se contenter de concepts préconstitués, qui lui permettent d'obtenir « un symbolisme commode », mais non « une vision directe de son objet ». Faute de situer l'intelligence dans l'évolution, la théorie de la vie ne sait « ni comment les cadres de la connaissance se sont constitués, ni comment nous pouvons les élargir ou les dépasser ».

Bergson n'est pas nominaliste et ne confond pas les idées avec les mots. Il part des idées, mais constate que celles-ci se développent en même temps que le langage destiné à les exprimer. Quelle que soit l'idée, il lui faut des mots pour l'exprimer, surtout s'il s'agit d'idées abstraites ne relevant pas de l'ordre géométrique, car elles ne sont pas accompagnées d'images précises. Le langage est un fait naturel humain. Il apparaît dans la vie concrète et se perfectionne lentement sur le plan de l'action, au fur et à mesure des progrès de la pensée. L'homme intelligent acquiert le langage comme un système d'habitudes motrices. La mémoire motrice des mots le rend capable de dire, puis de lire ou d'écrire les signes habituels d'idées présentant un caractère de généralité. L'histoire de la parole commence aux premiers âges. Une vie fruste se sert de moyens sommaires. L'homme vit parmi d'autres êtres vivants et parmi des masses inorganisées, mais dont divers aspects sont reconnaissables. Il est lui-même uni à ces individualités plus ou moins distinctes par des rapports vitaux lentement découverts. Il y ajoute les idées des outils qu'il fabrique. Il acquiert même, au cours des siècles, quelques idées plus abstraites. Pour exprimer sa pensée, il calque son langage sur le monde où il vit : des adjectifs pour les qualités, des noms pour les choses, des verbes pour les actes.

Les liens entre le langage et l'esprit sont doubles. D'une part, les mots accentuent la matérialité des idées et leur confèrent un caractère extérieur, discontinu. Les concepts désignés par les mots tendent

1. *L'évolution créatrice*, p. IX.

à s'exclure mutuellement dans l'esprit comme les objets dans l'étendue. D'autre part, une sorte de spiritualité anime l'acte de la parole. L'homme qui parle accomplit un acte simple et spirituel comme la conscience d'un geste. Entre le sens et les mots, il y a le même rapport qu'entre la vie et les formes organiques. L'aptitude de l'être humain à parler donne une matière à sa pensée. L'habitude motrice de parler une langue déterminée réduit l'effort d'expression. Il reste à accomplir un acte libre en parlant. Le champ de la liberté se limite au choix de mots déjà connus. Leur union successive procède d'un acte qui consiste à extérioriser la pensée. La phrase est prononcée grâce à un système d'habitudes, mais le mouvement qui l'anime va dans le sens de l'esprit : « Au dessus du mot et au dessus de la phrase, il y a quelque chose de beaucoup plus simple qu'une phrase et même qu'un mot : le sens qui est moins une chose pensée qu'un mouvement, moins un mouvement qu'une direction » (1). Les mots sont la retombée matérialisée, spatialisée de la pensée. Ils descendent de l'intériorité par paliers : « Et de même que l'impulsion donnée à la vie embryonnaire détermine la division d'une cellule primitive en cellules qui se divisent à leur tour jusqu'à ce que l'organisme soit formé, ainsi le mouvement caractéristique de tout acte de pensée amène cette pensée, par une subdivision croissante d'elle-même, à s'étaler de plus en plus sur les plans successifs de l'esprit jusqu'à ce qu'elle atteigne celui de la parole. » Le dépassement du nominalisme trouve ainsi sa justification dans la théorie naturaliste de la connaissance.

Dans la théorie de l'idée générale, comme dans celle du langage, les développements de *L'évolution créatrice* se fondent sur l'acquis de *Matière et mémoire.* (2) Les idées se forment par une activité d'organisation et de réorganisation du contenu de la mémoire proprement dite. Bergson conçoit l'interprétation de l'expérience comme un ensemble d'idées, qui doivent être découvertes dans l'expérience. Le travail consiste d'abord à trier les souvenirs assemblés par contiguité sur le plan le plus personnel de la mémoire, celui qui enregistre le déroulement de la vie. Les souvenirs sont triés selon le critère de la ressemblance et passent au plan de la mémoire proche de l'action. Dans *Matière et mémoire*, Bergson envisage le cas le plus simple des idées générales qui portent sur des objets matériels et sont dérivées de l'interprétation des perceptions. Il écrit « C'est l'herbe en général qui attire l'herbivore » (3). L'animal perçoit la couleur et l'odeur de l'herbe « comme des forces ». En même temps, il observe : « Sur ce

1. *La pensée et le mouvant*, p.133.
2. Cf. Theau (J), *op. cit.*, p.271 et s.
3. *Matière et mémoire*, p.177.

fond de généralité ou de ressemblance sa mémoire pourra faire valoir les contrastes d'où naîtront les différentiations ». C'est là le superflu de la perception. L'action possible de l'herbivore consiste à manger. Le choix de l'aliment suscite une indétermination, donc une conscience, qui « contracte » une partie du monde extérieur en représentation qualitative. Le champ de l'action possible découpe celui de cette perception, c'est-à-dire permet d'identifier l'aliment accessible, en l'occurence l'herbe. Le champ de la perception ne se limite pas rigoureusement au nécessaire, dont les contours restent flous. La perception apporte un certain luxe de renseignements particuliers à côté des renseignements généraux qui éclairent l'action. Chez l'homme, la mémoire non seulement « contracte » les faits quand s'accomplit l'acte perceptif, mais les conserve et ils peuvent donner lieu, par la suite, à de nouvelles activités intellectuelles. Un écolier se souvient d'avoir vu des arbres, puis des arbres à feuillage persistant ou caduc. S'il est bon élève, à l'aide d'enseignements et de livres, il peut donner un sens intellectuel à des détails supplémentaires et apprendre à identifier différentes sortes d'arbres. Le tri et le classement des souvenirs aboutit au travail d'abstraction et de généralisation des idées. L'idée abstraite, donc limitée et déterminée, se consolide comme une chose matérielle. L'idée généralisée, donc susceptible de reparaître et de s'appliquer à un nombre indéfini de situations concrètes, échappe pour autant à l'irréversibilité de la durée et devient réversible comme l'espace.

Bergson ne réduit pas l'intelligence à un processus d'association contingent. Les uniformités de l'expérience sont réelles et l'activité intellectuelle construit une connaissance dont l'ordre correspond à un ordre du monde. L'esprit saisit schématiquement des rapports et des significations. Il unifie les concepts et les associe, un peu comme la nature crée des organismes et des groupes. Cependant, chaque concept est moins un que l'organisme et participe de l'unité de l'objet matériel, plus relative encore, mais consolidée par l'intelligence selon le modèle abstrait qui découpe, dans l'espace, l'unité arithmétique. L'unité conceptuelle procède de celle de l'esprit, mais ne se fixe que sous la forme de l'extériorité spatiale. Le concept est un après une sorte de réflexion ou de « ricochet » de l'esprit sur la matière. Ainsi s'explique, comme on l'a indiqué à propos de la perception, l'application de l'unité spirituelle hétérogène à la spatialité plus homogène. L'unité du concept semble résulter d'une expérience homogène. Or, cette unité est celle de l'esprit hétérogène, mais le passage par la matière isole et fixe un aspect de l'esprit comme s'il était extérieur aux autres et identique à lui-même, à la manière d'un point ou d'un nombre. Cette interprétation de l'activité intellectuelle, que semblent suggérer les textes de Bergson, ne laisse pas de poser des problèmes et cela plus encore que la théorie hégélienne des « deux infinis » à laquelle on l'a comparée. Il est difficile de se contraindre à toujours envisager l'homogène comme de l'hétérogène vu du mauvais côté. On voudrait revendiquer pour lui au moins l'égalité de traitement, car il ne représente pas la finitude hantée par l'infini, mais l'ordre qui complète la diversité. On doit, certes, reconnaître que la fixité des concepts les apparente plus à la matière inerte qu'à la vie. Cependant, cette constatation appelle un correctif. Les concepts issus d'une œuvre d'abstraction et de généralisation en partie liée à des habitudes de langage et peut-être de pensée ne seraient rien en eux-mêmes si l'esprit ne les faisait vivre ou revivre par l'usage qu'il en tire. Chaque fois qu'il les évoque, il les adapte plus ou moins. La pensée, qui anime la phrase, anime aussi et d'abord son propre système de catégories.

Bergson ne nie pas le mouvement de l'intelligence, mais ne se résigne pas à s'en contenter. Les concepts, selon lui, sont modelés sur l'inerte, alors qu'ils servent à expliquer non seulement l'inerte mais la vie et s'avèrent incapables de la saisir.

L'intelligence conceptuelle s'applique bien à la matérialité sur laquelle elle prend modèle. Les idées de la géométrie ont en effet pour objet l'espace lui-même et la science « accentue plus qu'il ne faut la spatialité de la matière » (1). La géométrie et, plus généralement, les mathématiques, sont la forme la plus intellectuelle de la connaissance, car elles appliquent un mode de pensée spatialisé à un objet spatial. L'intelligence, dans la conscience, procède d'une inversion de la durée semblable à celle qui, dans l'évolution du monde, produit la matière. L'intelligence géométrique dégage de la matière les lois de l'espace et, retrouvant dans son objet ses propres caractéristiques, croit saisir l'essence du réel. Les constantes y dépassent la ressemblance pour atteindre à l'identité. Les propriétés de la figure qu'un géomètre trace sur le sable y sont incluses réellement. La déduction est précise et certaine. Il en va de même de l'induction, définie comme l'attribution anticipée d'un même effet à une même cause. L'induction suppose que, pour le physicien par exemple, « le temps ne compte pas » (2). Le feu d'aujourd'hui est identifié au feu d'hier et fera bouillir l'eau d'aujourd'hui, comme bouillait celle d'hier. L'induction appliquée à un microcosme isolé mentalement du reste du monde « prend le caractère d'une certitude absolue lorsque le microcosme considéré ne contient que des grandeurs ». En ce cas, pourrait-on dire, l'induction présente les caractères d'une déduction.

1. *L'évolution créatrice*, p.207. 2. *Id.*, p.217.

Bergson établit une classification des sciences dont il échelonne les objets respectifs entre les deux pôles opposés de l'espace et de la durée. La géométrie pousse la matérialité à la limite, c'est-à-dire plus loin qu'elle n'existe dans la matière. La physique correspond à la matérialité de la matière. La chimie distingue déjà des différences qualitatives. La biologie porte sur le vital. Bergson ne s'étend pas sur les sciences morales, ou ce que l'on appellerait aujourd'hui les sciences humaines, l'histoire, la politique, ni sur le Droit. Cependant, plus près encore de la spiritualité à l'état pur, il situe l'art et la philosophie. Avec quelques lacunes, la classification englobe la totalité de la pensée humaine. Bergson veut y établir une gradation et une rupture. Il y a gradation dans la mesure où, plus l'objet de la science s'écarte de l'espace pour se rapprocher de la durée, plus l'intelligence devient inapte à comprendre ce qu'elle étudie. Elle applique à tout les caractères de la matière alors que ceux-ci sont à l'opposé de ceux de la vie. Ainsi Kant a-t-il eu tort de ne pas juger « que la science devînt de moins en moins objective, de plus en plus symbolique, à mesure qu'elle allait du physique au vital, du vital au psychique » (1). Il y a opposition pour autant que le phénomène de la vie marque une rupture décisive avec la matière inerte et ouvre un autre monde, le monde de l'impulsion première dont la matière est issue par voie d'opposition, le monde de tout ce qui va dans le sens de cette impulsion, c'est-à-dire, avec la vie, la spiritualité en général. Dans l'inorganisé, le modèle de l'idée générale est la loi. A partir de l'organique, c'est le genre. La généralité n'est pas la même dans les deux cas. Les anciens essayaient d'expliquer les lois comme des genres, les modernes voudraient expliquer les genres comme des lois. Il existe deux ordres dans le monde, celui de la géométrie et celui de la vie, et chacun fait l'effet d'un désordre par rapport à l'autre. En vain voudrait-on déplacer la frontière qui les sépare. La théorie de la relativité remet en cause les fondements de la science et l'on parle d'un « espace-temps » à quatre dimensions. Tous ces efforts ne peuvent éviter que la durée commence avec la vie, ni que le temps qui n'est pas la durée se ramène à l'espace.

Bergson considère donc comme une défaillance de la connaissance philosophique ce que Tolstoï considérait comme une vicissitude de la connaissance historique. L'auteur de *Guerre et paix* écrivait : « Pour l'esprit humain, l'absolue continuité du mouvement est incompréhensible. L'homme ne parvient à comprendre les lois d'un mouvement quelconque que s'il y envisage des unités prises de façon arbitraire. Or, de ces découpages arbitraires du mouvement continu proviennent une grande partie des erreurs humaines » (2). Il convient d'ajouter que

1. *Id.*, p.358.

2. Tolstoï (L), *Guerre et paix*, III, III, 1.

ce texte extrait d'un roman philosophique s'écarte de la terminologie bergsonienne sur un point important. Tolstoï parle de mouvement là où Bergson parlerait de changement. L'application de l'idée de mouvement à l'histoire, si on la prend à la lettre, évoque, du point de vue bergsonien, une tendance au matérialisme. Le mouvement n'est que la limite spatialisée de la durée. C'est la durée qui est continue et, prise en elle-même, indivisible. D'ailleurs, Bergson n'envisage pas les évènements humains de la même manière que Tolstoï, qui minimisait volontiers l'efficacité des actes volontaires et des interventions personnelles. Bergson, lui, croit non seulement à l'efficacité pratique d'un système intelligent, mais à la faculté de l'être humain de dépasser les limites de sa propre intelligence et c'est à cette possibilité vitale qu'il fait appel pour éviter les erreurs de la philosophie : à l'intelligence, il oppose l'intuition.

Dans l'ordre de la nature, l'intelligence permet de résoudre les problèmes pratiques de la vie, mais n'élimine jamais entièrement les autres tendances vitales, c'est-à-dire la torpeur végétative et l'instinct. La perception du général, comme on l'a dit, laisse place à une certaine perception du particulier, dont l'inutilité pratique garantit, en un sens, la vérité vécue. C'est cette frange désintéressée de la conscience qui lui permet de rester mobile et de se tenir au dessus de la pure intellectualité, au dessus aussi des habitudes. Cette persistance limitée de la vie créatrice constitue une réserve permanente d'invention, qui, dans certains cas, se manifeste sous forme d'intuition. L'instinct reparaît, libéré de la forme organique et affranchi de toute tâche utilitaire : « c'est à l'intérieur de la vie que nous conduirait l'intuition, je veux dire l'instinct devenu désintéressé, conscient de lui-même, capable de réfléchir sur son objet et de l'élargir indéfiniment » (1).

L'intuition, comme l'instinct, atteint son objet par sympathie. Bergson cite comme exemple avéré de son importance dans la vie humaine la faculté esthétique qui s'ajoute à la perception normale. Il s'agit là d'une connaissance de l'individuel, mais on peut concevoir la possibilité d'une connaissance comparable du général. Telle est l'intuition philosophique. La pensée philosophique semble construire une synthèse d'idées générales, mais c'est le résultat achevé de son acte. Pris à l'origine, cet acte est une impulsion spirituelle simple qui s'extériorise et s'analyse dans l'expression. Or, il procède du contact de la pensée humaine avec la vie qui anime le moi profond : « Descendons alors à l'intérieur de nous-mêmes : plus profond sera le point que nous aurons touché, plus forte sera la poussée qui nous renverra à la surface. L'intuition philosophique est ce contact, la philosophie est

1. *L'évolution créatrice*, p.178.

cet élan » (1). Chaque philosophe part de sa propre intuition spirituelle et cherche à la communiquer sous forme intellectuelle, par des développements destinés à en rendre la simplicité « avec une approximation croissante » (2).

La théorie bergsonienne de l'intuition réaffirme d'emblée un principe important, celui de la primauté du fond sur la forme. Elle décourage d'avance toutes les synthèses artificielles entre des concepts. Le fond de la pensée, seul, porte en lui les progrès de la connaissance. Dans l'esprit s'accomplit une œuvre de signification. L'intelligence proprement dite en termes bergsoniens participe à cette œuvre indirectement dans le cadre du monde naturel et, imparfaitement, sur le plan qualitatif. Il existe une signification accessible à l'intelligence conceptuelle. Bergson veut aller au delà. Ce n'est pas seulement la signification comme telle qu'il veut atteindre, mais un mouvement spirituel, qu'il définit, du point de vue ontologique, comme celui de la durée. Cette tentative hardie peut s'interpréter de diverses manières et Bergson semble cumuler les interprétations.

Suivant un premier point de vue, l'intuition inspire le philosophe sans jamais lui apparaître à l'état pur. La philosophie de la durée devient surtout une mise en garde adressée aux philosophes futurs. Toute expression philosophique, parce qu'intellectuelle, est condamnée d'avance à dénaturer le sens de la vie. L'élaboration des concepts reste stérile, car ceux-ci n'ont de sens que s'ils émanent de l'intuition.

D'après un second point de vue, l'intuition correspond à une expérience privilégiée, qui n'échappe pas entièrement à la matière et à l'intellectualité, mais qui les bouleverse. L'âme de la nature s'exprime dans la pensée du philosophe. Une subjectivité simple se substitue brièvement à la vie routinière de l'esprit et en modifie le sens.

Le troisième point de vue suit le cours de la diffusion parcimonieuse de l'intuition dans l'intelligence. L'intuition est « vague et surtout discontinue » (3). Bergson la compare à « une lampe presque éteinte, qui ne se ranime que de loin en loin, pour quelques instants à peine ». Si elle reste désintéressée par nature, seul le mouvement de la vie la suscite : elle se ranime « là où un intérêt vital est en jeu ». Elle projette, sur la condition humaine, « une lumière vacillante et faible, mais qui n'en perce pas moins l'obscurité de la nuit où nous laisse l'intelligence ». La philosophie doit « s'emparer » de ces intuitions « d'abord pour les soutenir, ensuite pour les dilater et les raccorder entre elles ».

Cette théorie rend justice à l'innovation dans la vie de l'esprit,

1. *La pensée et le mouvant*, p.137. 2. *Id.*, p.119.
3. *L'évolution créatrice*, p.268.

tout en rappelant les limites de la connaissance. Cependant, il est permis de se demander si elle ne va pas trop loin. L'esprit humain innove et corrige peu à peu son travail en organisant sa distension discursive, peut-être guidé par une sorte d'intuition d'une manœuvre pour lui échapper sur tel ou tel point, mais sa progression correspond toujours au « mécanisme cinématographique » d'un film plus ou moins original. Dans ces conditions, il est tentant d'apprécier de façon critique les reproches que Bergson adresse à ses prédécesseurs et d'examiner s'il a lui-même fait mieux. Kant, ses successeurs, Spencer, lit-on dans *L'évolution créatrice,* étaient trop intellectualistes. Soit, mais pouvaient-ils l'éviter ? A quoi cela sert-il de les critiquer pour avoir suivi la démarche inévitable de leur esprit ? Bergson lui-même peut-il penser d'une façon différente ? Peut-il faire mieux que rappeler les limites de la connaissance, comme Kant avant lui ? Ou, s'il parle de la durée, ne se contente-t-il pas de l'ajouter, dans une vaste construction de l'univers, au musée des totalités métaphysiques, le moi de Fichte, l'Absolu de Schelling, l'Idée de Hegel, la Volonté de Schopenhauer ?

Kant, selon Bergson, a eu raison de penser que le réel, la chose en soi, déborde l'intelligence, mais il a eu tort de limiter l'intuition à la connaissance du sensible, donc de la réduire à un domaine moindre que celui des concepts, au lieu de l'étendre au delà des concepts jusqu'à la réalité même. Il croyait en effet trop à l'unité de la science.

Les post-kantiens ont voulu réintégrer l'esprit réel dans la philosophie, mais ils ne l'ont pas fait. Parler du temps ne suffit pas. Le langage, de spatial, ne devient pas temporel, l'intelligence ne devient pas intuition : « les idées de devenir, de progrès, d'évolution, paraissent occuper une large place dans leur philosophie. Mais la durée y joue-t-elle véritablement un rôle ? » (1). Au lieu de rapporter chaque forme nouvelle à la forme ancienne dont elle dérive, la philosophie post-kantienne la déduit d'une prétendue intuition absolue.

Spencer promettait davantage. D'une part, il faisait mieux appel à l'expérience et pouvait échapper à l'arbitraire. Spencer n'était pas idéaliste. Encore fallait-il en profiter. Les faits les plus importants, c'étaient « l'avènement des sciences morales, le progrès de la psychologie, l'importance croissante de l'embryologie parmi les sciences biologiques » (2). Le réalisme appliqué à ces découvertes devait révéler l'intuition de la durée. Spencer pouvait créer une philosophie conforme aux espérances des esprits du XIXème siècle. Or, il s'est contenté des cadres intellectuels ordinaires, donc de l'espace déguisé en temps : « *l'artifice ordinaire de la méthode de Spencer consiste à reconstituer*

1. *Id.*, p.361. 2. *Id.*, p.362.

l'évolution avec des fragments de l'évolué ».

Si l'on revient, de cette dernière critique, au point de vue de Spencer lui-même, on constate une intention de réforme philosophique fondée sur une métaphysique empreinte de plus de scepticisme que celle de Bergson. Au départ, comme cela ressort de l'essai intitulé *La genèse de la science,* Spencer veut s'opposer à l'idée qu'il se fait du dogmatisme métaphysique incarné, selon lui, dans le système hégélien de la connaissance : « ceux pour qui l'esprit, façonné par les objets extérieurs, devient conforme à ces objets, ne manquent pas d'être pris de court s'ils ont affaire à des gens comme Schelling et Hegel, selon qui les objets environnants sont de l'esprit solidifié et la nature est de « l'intelligence pétrifiée » (1). Hegel croit que la pensée est l'essence de l'homme et du monde : ainsi s'explique le plan de son système, qui part de la logique, ou de l'idée pure, continue avec la nature, ou l'idée « envisagée sous son autre forme » et aboutit à l'esprit, qui est « l'idée dans son retour en elle-même ». Or, la pensée n'est possible que s'il existe des « choses pensées » et les formes logiques ne peuvent se passer de l'expérience. Les sciences ne se suivent pas comme une série et même Comte a eu tort d'imiter, sur ce point, les philosophes allemands.

Dans les *Premiers principes*, Spencer aborde de façon plus prudente le problème des limites de la connaissance. Il ne nie pas la réalité d'aspects du monde qui dépassent la connaissance humaine et qu'il appelle « l'Inconnaissable ». L'esprit atteint ses limites progressivement. On pense à un homme, à une famille ; si l'on pense à une profession, il devient impossible de se représenter plus de quelques personnes comme exemple. Ainsi les longues périodes, les grands nombres, dépassent-ils l'entendement humain. De tout objet complexe, l'esprit ne se représente que quelques attributs à la fois et l'objet même est représenté de façon symbolique. Ou l'on peut s'assurer indirectement de la réalité de l'objet, ou le symbole n'est qu'une fiction. On peut encore parler des « idées ultimes », mais si même elles correspondent à une réalité on formule à leur sujet des affirmations contraires qui semblent également vraies ou fausses. L'espace et le temps sont-ils intérieurs ou extérieurs à l'esprit ? S'ils sont intérieurs, ce ne sont pas des choses et l'on se demande ce qui les distingue. S'ils sont extérieurs, on devrait pouvoir les définir : or, nul ne saurait dire s'ils sont limités ou illimités.

1. Spencer (H), *The Genesis of Science, Essays,* vol. 1 p. 128 : « Those who hold that the mind is moulded into conformity with surrounding things by the agency of surrounding things, are necessarily at a loss how to deal with those who, like Schelling and Hegel, assert that surrounding things are solidified mind, that Nature is « petrified intelligence ».

La théorie kantienne des formes de la sensibilité est « verbalement intelligible », mais se réduit à une « pseudo-idée ». Spencer commente « La matière, dans sa nature ultime, est donc aussi absolument incompréhensible que l'espace et le temps » (1). La vie de la conscience apparaît comme une série de modifications subjectives qu'il faut se remémorer. Le moi réel est-il une entité ? Nous ne pouvons ni le concevoir, ni le tenir pour inexistant. Comprendre, c'est au mieux partir de faits « spéciaux et concrets » et les expliquer ; par exemple un bruit dans un fourré s'explique par la présence d'une perdrix, qui a dû être blessée, mais non tuée. A partir de ces « solutions », on atteint le niveau plus abstrait des « interprétations », par exemple si l'on observe la blessure de l'oiseau et ce qui l'a produite. Spencer pose en principe la relativité de la connaissance. Il invoque à ce sujet la théorie de Sir William Hamilton et du Révérend H.L. Mansel, qui insiste sur la faiblesse de la raison humaine. La relativité de la connaissance n'est contestée que par quelques « théoriciens absolutistes récents » en Allemagne. Aristote, Spinoza, Kant sont tous relativistes. L'esprit ne conçoit que ce qui est limité et non l'Absolu, qui serait limité, mais sans conditions, ni l'Infini, qui serait illimité et sans conditions. En ce sens, tout ce que nous savons est « conquis sur l'*infini* vide et informe » (2).

Il semble donc que Hamilton et Mansel aient décrit la relativité de la connaissance d'une façon qui évoque la dialectique des philosophes qu'ils critiquaient. Spencer, lui aussi, s'abstient de rechercher comment la dialectique s'est développée, à partir de Kant, dans le système de Fichte. En un sens, il transpose dans une théorie positiviste de la connaissance certaines conclusions de Kant. L'entendement formel dépasse l'expérience et aboutit à des antinomies. L'entendement appuyé sur l'expérience construit la science. Il existe cependant, en un sens réaliste, une conscience imprécise sinon précise de l'Inconnaissable. Le relatif disparaîtrait si l'absolu n'était que pure négation. L'un et l'autre sont liés par une corrélation nécessaire. En définitive, Spencer n'attend aucun progrès philosophique de l'étude des idées ultimes et entreprend la recherche des « lois du connaissable », dont la principale est celle de l'évolution.

En présence de l'œuvre de Spencer, Bergson réagit comme devant celle de Kant. Il y a, certes, des progrès : réalisme et recours aux sciences expérimentales. Spencer, cependant, abandonne la philosophie à ses incertitudes. Bergson veut fonder la philosophie sur l'expérience

1. Spencer (H), *First Principles,* p.54 : « Matter, then, in its ultimate nature, is as absolutely incomprehensible as Space and Time ».

2. *Id.*, p.75 : « ...won from the void and formless *infinite* ».

de l'esprit saisi dans la durée, c'est-à-dire sur ce que Spencer, après W. Hamilton, appelait l'Absolu, non celui de Schelling, mais celui de l'expérience totale de l'être créé.

La critique bergsonienne se trouve exprimée dans l'Introduction de *L'évolution créatrice* : avant de s'arrêter devant l'Inconnaissable, la philosophie évolutionniste « étend sans hésitation aux choses de la vie les procédés d'explication qui ont réussi pour la matière brute » et, découvrant en l'intelligence « une lueur peut-être accidentelle », elle en fait « un Soleil qui illuminerait le monde » (1). De fait, il est vrai que Spencer cède à la tentation moderne d'appliquer à l'esprit humain les modes de raisonnement des sciences de la nature. On veut un humanisme qui donnerait des certitudes. Spencer applique à l'univers entier des raisonnements tirés de l'étude de la matière inerte. Plus souvent, il part de la biologie et généralise les lois qu'il en abstrait : il les étend à la fois dans le sens de la matière et dans celui de l'esprit, aux astres et à la vie humaine. Du côté de l'esprit, il y a, d'un point de vue bergsonien, un aspect de continuité dans la mesure où biologie et esprit sont de même nature. C'est sans doute pourquoi Bergson n'indique pas que Spencer parte de la biologie : s'il en partait, il trouverait la signification de la vie. Spencer ne part pas de la durée, mais de l'analyse intellectuelle des processus biologiques : il adopte donc, en réalité, les lois de la matière inerte.

Spencer, cependant, envisage une évolution qui apporte du nouveau et il se rapproche plus de Bergson que les post-kantiens sur ce point. L'idée d'évolution a en effet deux sens. Le premier est celui du déroulement d'une faculté vitale préconstituée dans l'organisme, le second est celui de l'évolution créatrice des organismes (2). Les textes cités de Schelling emploient le mot déroulement qui suggère le premier sens, mais se réfèrent à une synthèse. Si la synthèse désignait l'apport d'une détermination extérieure, le déroulement serait évolutif. La synthèse de la dialectique de la vie n'a pas forcément ce sens et peut désigner le développement de l'organisme envisagé comme un concept en lui-même. Hegel indique, en ce sens, que le devenir est une « synthèse immanente », bien que le mot convienne mal faute d'une réunion extérieure de données extérieures (3). On ne sait donc pas s'il y a déroulement ou évolution. Dans la *Phénoménologie de l'esprit,* Hegel attribue à l'espèce une fixité de principe. L'être

1. *L'évolution créatrice,* p. VII.

2. Sur cette distinction, cf. Gilson (Étienne), *D'Aristote à Darwin et retour,* Paris, 1971, p.84.

3. Cf. Hegel (G.W.), *Wissenschaft der Logik,* 1812, vol. 1, ed. Meiner, p. 82.

vivant est une essence soumise à une finalité donnée en même temps qu'elle. L'organisme ne produit rien qui ne soit donné en lui et là réside son caractère téléologique. Des faits d'adaptation peuvent faire l'objet d'une constatation empirique, par exemple si les animaux du nord sont pourvus d'une fourrure épaisse. Le fait n'exprime aucune relation nécessaire et ne résulte pas d'une loi. On parle seulement de la « grande influence » du milieu (1).

Spencer ne tient pas assez compte de l'esprit du point de vue de Bergson, qui résume sa double condamnation en le confrontant au post-kantien qui s'est le plus rapproché de la durée subjective : « Une entreprise comme celle de Fichte, quoique plus philosophique que celle de Spencer, en ce qu'elle respecte davantage l'ordre des choses, ne nous conduit guère plus loin qu'elle. Fichte prend la pensée à l'état de concentration et la dilate en réalité. Spencer part de la réalité extérieure et la recondense en intelligence » (2).

Que dire de ces critiques ? On peut essayer de dresser un bilan provisoire des résultats obtenus. A cet effet, on tentera de comparer brièvement la manière de penser de Bergson à celle de Spencer et à celle de Hegel, dont Bergson est en un sens l'antithèse subtile.

Une première série de réflexions concerne la délimitation des facultés de connaissance de l'homme.

Hegel affirme l'identité du rationnel et du réel et situe la réalité spirituelle qu'il décrit sur le plan de la finitude. L'esprit humain construit une science, qui, à travers l'histoire concrète, se développe et est censée se conserver. L'idée est à la fois construction et acquisition. Elle ne fait pas l'objet d'une représentation simple, mais d'une progression discursive. La logique est sa loi et se rapproche au plus près de l'esprit, dont elle exprime l'unité sans cesse remise en cause. Si tout ce qui est rationnel est réel, le reste est contingence, mais encore faut-il distinguer le rationnel du contingent, car tout ce qui est réel est aussi rationnel et doit participer au développement de l'Idée. La Raison est à la fois l'identité et la non-identité, car elle seule abstrait l'identique, c'est-à-dire le réel, qui n'est pas seulement une forme appliquée à un contenu préexistant, mais à la fois forme et contenu, c'est-à-dire la détermination concrète prise en ce qu'elle a de général. C'est elle que contredit dialectiquement une détermination suivante, par une opposition formelle négative, mais aussi par un changement positif de contenu. Ainsi s'accomplit la première loi logique, celle du devenir, qui ne résulte pas du temps, mais de la finitude logique, que des interprètes moins idéalistes de Hegel peuvent rattacher, pour

1. Cf. Hegel (G.W.), *Phänomenologie des Geistes*, ed. Meiner, p.194.
2. *L'évolution créatrice*, p.191.

leur compte, à une finitude ontologique. L'être déterminé est aussi non-être et devient une détermination nouvelle. Le temps et l'espace restent des formes de la sensibilité, mais l'un et l'autre ont une signification réelle. L'espace s'explique par la nature, qui est le monde de l'extériorité, dont les lois propres se composent avec celles de la finitude. Il en va de même du temps individuel. Cependant, sur le plan de la Raison, le temps est d'abord ce qui reste. Aussi participe-t-il de la nature des ultimes points de vue du système.

Spencer, comme il l'explique dans son essai déjà cité sur *La genèse de la Science,* part de la vie pratique. (1) La connaissance permet d'abord à l'être vivant de se nourrir et d'échapper au danger. Les objets extérieurs ne déterminent pas l'action, mais incitent à agir de diverses manières. L'action, automatique chez les animaux inférieurs, est presque entièrement consciente chez l'homme, qui reconnaît la ressemblance ou la dissemblance. Cette première connaissance élémentaire, à l'échelle de l'humanité, progresse et constitue un système de plus en plus perfectionné, qui correspond à un monde lui-même de plus en plus perfectionné. La Raison parvient à décrire avec précision les progrès du monde, sinon la nature de la réalité.

Bergson pose au départ l'impulsion d'un esprit fini mais créateur. Cet esprit subjectif, continu, riche de virtualités et changeant se connaîtrait lui-même comme un acte simple s'il ne devait se libérer de la matière qu'il a faite par opposition avec lui-même et s'éveiller à travers la vie qu'il y suscite. L'évolution créatrice qui est son œuvre lui donne une chance de se retrouver tel qu'il est : la conscience humaine. Cependant, il y anime d'abord l'intelligence, qui est une aptitude à diviser et classer les faits selon les caractères généraux découverts peu à peu et confirmés par l'habitude. L'intelligence ne s'identifie pas à la totalité de la connaissance. Elle n'offre qu'un cadre, dont l'esprit peut abuser bien que, normalement les enseignements de l'expérience s'y répartissent à peu près. Elle participe à la connaissance humaine à tous les niveaux, comme pour Hegel et Spencer, mais n'en atteint pas la source : l'intuition, que l'on pourrait qualifier de prise de conscience de l'esprit comme tel. Elle en reçoit seulement la retombée. Le monde et la connaissance se transforment, mais le changement doit se servir des formes et cadres préexistants, qui ne lui conviennent pas. Ils spatialisent la durée et imitent la succession par un système de coïncidences. Bergson ne distingue pas, comme Hegel, le temps chronologique du devenir métaphysique, mais un faux temps, qui est espace, de la durée, qui est esprit. L'esprit qui dure est fini et cette durée, propre à l'esprit fini, correspond en partie au devenir hégélien : l'esprit

1. Cf. Spencer (H), *The Genesis of Science, Essays,* vol. 1, p.147.

fini bergsonien change s'il ne devient. La différence tient à la conception du rôle de la Raison. Pour Hegel, la signification du changement est la Raison même ; pour Bergson, cette signification dépasse l'intelligence. Pour lui, la forme dialectique n'est pas celle de l'Idée, mais la transcription spatiale de la durée.

L'esprit, pour Bergson, est une réalité ontologique dont il affirme l'existence. On peut se demander s'il est vrai qu'il la connaisse autrement que par l'intelligence. C'est sur ce point que semble porter la critique formulée par Heidegger dans *Sein und Zeit*. Le temps, ou plutôt la temporalité, constitue la modalité de l'être propre à la personne humaine. Il y aurait donc une réalité ontologique de l'esprit fini, mais, selon Heidegger, aucune intuition ne la révèle. Pour l'atteindre, il faut suivre sa méthode, qui semble consister à affecter d'une sorte de coefficient de précarité ontologique un système de catégories phénoménologiques inspiré de celui de Husserl. Dans ces conditions, affirme Heidegger, on peut restituer à la notion « vulgaire » du temps, « qui se perpétue depuis Aristote et encore après Bergson », son caractère temporel, non spatial (1). Le temps phénoménologique ne se confond pas avec celui du sens commun, mais procède, comme lui de la temporalité. A la fin, Heidegger cite Hegel : l'espace est la pure juxtaposition en soi où la négativité, là le point, se détermine comme ligne et surface, tandis qu'indifférente pour soi à ses déterminations juxtaposées elle est le temps.

Une deuxième série de réflexions porte sur l'organisation des ensembles de pensée.

Hegel construit la science de la pensée et progresse par une série de jugements dont il veut à chaque fois vérifier la correction logique. Il progresse suivant un système dialectique, de contradiction en contradiction : l'esprit opère la synthèse de ses déterminations qui s'excluent mutuellement. Or, comme on l'a indiqué, il n'y a pas de rupture durable entre la forme logique qui s'oppose et le contenu qui différencie. La contradiction s'applique donc à des contenus qui se prêtent plus ou moins bien à l'opposition. Il y a des oppositions naturelles, comme les pôles de l'électricité, le jour et la nuit. L'abstraction prend la forme de dichotomies de type kantien, dont Kant n'a énuméré que quelques unes. Le sujet qui connaît ou agit s'oppose soit à l'objet, soit à d'autres sujets. A côté, cependant, il existe une diversité qui appelle des classifications. Hegel y voit une contingence, mais ne peut éviter d'en tenir compte, sinon la connaissance deviendrait impossible. Il sait que, dans la nature, les espèces et les genres se juxtaposent comme autant d'éléments coexistants d'un ordre et non

1. Heidegger (M), *Sein und Zeit*, p. 18.

pas seulement à titre accidentel. Il reconnaît une finalité dans la nature et même dans l'histoire. Il ne veut cependant pas se contenter de juxtaposer. C'est pourquoi il précise, peut-être avec une nuance d'hésitation, dès le début de l'*Encyclopédie* : « L'*indication de la division* est inexacte en ce sens qu'elle *juxtapose* les parties ou sciences particulières, comme fixes et substantielles dans leur différentiation, comme des *espèces* » (1). La science est animée par l'esprit, par un sujet actif, qui s'efface ensuite, mais sans lequel elle ne progresserait ni même n'existerait. Le modèle le plus général des ensembles de pensée hégéliens est peut -être le processus phénoménologique de la prise de conscience. De façon très schématique, on peut dire que l'esprit, pour Hegel, apprend à connaître des ensembles de phénomènes par un processus pénible de contradictions qui le leurrent les unes après les autres jusqu'au moment où, épuisé, il discerne la progression qui le dépasse. Au début, il y a une phase de spontanéité rationnelle, d'abstraction élémentaire, où le sujet fait corps avec l'objet. Ensuite, le sujet s'oppose à l'objet et le conçoit dans l'abstraction de la réflexion, sous forme d'antinomies. Enfin le sujet revient à l'objet avec la conscience d'une loi rationnelle qui régit l'un et l'autre. Les rapports rationnels incluent un maximum de contradictions, dont il se dégage un sens. Ce modèle s'applique mieux aux faits dans lesquels le sujet intervient activement ; il convient moins bien à l'objet, surtout à la nature.

Spencer construit la science des faits expérimentaux et cherche à définir comment leurs constantes s'organisent. Le modèle de l'ensemble de pensée, pour lui, est l'organisme, qui forme un tout intérieurement différencié, pourvu d'une structure propre. L'ensemble reste à tout moment cet organisme et la science, qui le décrit, le compare tantôt à d'autres, tantôt à lui-même s'il a changé. Le changement est un mouvement et l'on ignore s'il a une cause simple ou double. Nous ne parvenons pas à décider si « les phénomènes sont dus aux effets diversement conditionnés d'une force unique » ou « au conflit de deux forces » (2). Il existe, dans la matière, des forces d'attraction et de répulsion. Si l'on veut, on peut les considérer comme des pôles dont l'opposition détermine un mouvement, mais, selon Spencer, le mouvement réel suit rarement l'effet direct des forces et, compte tenu

1. Hegel (G.W), *Précis de l'Encyclopédie des sciences philosophiques*, ed. J.Vrin, Paris, p.41 ; *Encyclopädie der philosophischen Wissenschaften*, Lasson, p.51 : « Die *Vorstellung der Einteilung* hat daher das Unrichtige, dass sie die besonderen Teile oder Wissenschaften *nebeneinander* hinstellt, als ob sie nur ruhende und in ihrer Unterscheidung substantielle, wie *Arten*, wären ».

2. Spencer (H), *First Principles*, p.286.

de leur interaction, tend à s'infléchir suivant la « ligne de moindre résistance ». L'organisation nécessite un déplacement des éléments qui se répartissent, donc une mobilité. L'homogène tend à se diversifier. La force qui diversifie un objet subit, par contre-coup, l'incidence de cette diversification et devient elle-même multiple (1). L'équilibre atteint à l'issue du processus de diversification et d'intégration s'établit peu à peu. Les forces de déséquilibre les plus faibles disparaissent en premier. Ensuite l'organisme devient « ce que les mathématiciens français ont qualifié d'*equilibrium mobile* » (2) : l'ensemble résulte de mouvements internes qui se compensent sans rencontrer de résistance extérieure appréciable. L'organisme vivant s'adapte au changement des circonstances.

Bergson part de « lignes de faits ». Les problèmes s'organisent en ensembles de pensée, qui dépendent de l'attitude de la personne qui les envisage. Si l'on pose un problème quelconque, pratique ou métaphysique, du point de vue du conceptualisme, l'intelligence prend modèle sur la matière inerte, dont elle imite le caractère extérieur et discontinu. L'intelligence, même calquée sur la matière, ne la saisit pas dans les concepts, mais ceux-ci se divisent et s'opposent : les concepts « vont d'ordinaire par couples et représentent les deux contraires ». Bergson commente : « De là une thèse et une antithèse qu'on chercherait en vain à réconcilier logiquement, pour la raison très simple que jamais, avec des concepts ou points de vue, on ne fera une chose » (3). A l'opposé de cette attitude, l'intuition permet de saisir l'unité de la vie, ou de la réalité en général, c'est-à-dire, en fin de compte, de l'esprit. Ainsi, « de l'objet, saisi par intuition, on passe sans peine, dans bien des cas, aux deux concepts contraires ; et comme, par là, on voit sortir de la réalité la thèse et l'antithèse, on saisit du même coup comment cette thèse et cette antithèse s'opposent et comment elles se réconcilient ». Les cas nombreux et faciles sont, par exemple, le réalisme et l'idéalisme, le mécanisme et le finalisme, que Bergson a ou pense avoir dépassés. Un cas plus exceptionnel ou difficile serait celui de l'opposition fondamentale entre la durée et l'étendue, qu'il faut dédoubler en tension et en extension pour la dépasser. Si l'intelligence analyse les faits de la vie, elle distingue des tendances différenciées, qui s'opposent en un sens, mais non pas aussi simplement ni absolument que des contraires. D'ailleurs, Bergson n'interprète pas toujours les antinomies conceptuelles elles-mêmes comme des oppositions symétriques et celle de la durée et de l'étendue est pour lui asymétrique. Le modèle le plus général de l'ensemble

1. *Id.*, p.388. 2. *Id.*, p.443.
3. *La pensée et le mouvant*, p.198.

intellectuel bergsonien n'est pas l'antinomie logique, mais la différentiation intellectuelle, dont l'intuition découvre à la fois l'origine commune et l'unité persistante. Cependant, il reste une sorte de plan général de l'évolution, qui fait la part des antinomies et celle de la différentiation. La vie résoud d'abord les problèmes sur le plan de la matière, de façon directe et, si l'on veut, simpliste. Ensuite, la conscience se dégage de la matière au prix d'une concession, qui est de l'imiter pour l'utiliser. Alors apparaît le monde conceptuel des antinomies. Au delà, l'esprit s'empare de la matière et, inversant le cours de la pensée conceptuelle pour retrouver au moins l'orientation de la durée, substitue aux antinomies un processus de différentiation, à une dialectique figée un véritable évolutionnisme.

Une troisième série de réflexions peut aborder le problème des rapports entre l'individualisation des ensembles de pensée et la progression vers le mouvant.

Hegel, on l'a dit, n'a pas qu'un modèle dialectique et cette diversité n'est pas laissée au hasard, mais exprime un ordre. Du point de vue du sujet connaissant, la philosophie devient plus complexe dans la mesure où elle définit mieux les rapports entre le sujet et l'objet. L'essence définit la réalité au niveau objectif, le concept au niveau subjectif. La logique et l'encyclopédie retrouvent l'esprit à des stades de plus en plus avancés de son développement. Le progrès n'est d'ailleurs pas toujours chronologique : Aristote peut avoir raison contre Kant. A la limite, il n'y a pas deux dialectiques identiques. Il n'y en a pas non plus deux qui diffèrent entièrement, car toutes sont rationnelles. Dans l'ordre des dialectiques, les plus complexes tiennent-elles compte du mouvant ? Hegel tend à considérer la diversité de la nature comme un caprice et la liberté psychologique comme contingente et irrationnelle. Il excelle cependant, surtout dans la démarche phénoménologique, à analyser les variations de la rationalité, sa polyvalence et ses conflits. Il discerne les métamorphoses des attitudes de l'esprit. Tel est sans doute l'aspect le plus fort de sa pensée. Ce sont, certes, des schèmes typiques qu'il dégage. D'autre part, la raison historique ne s'exprime, selon lui, que dans des évènements en cours. Le Droit de l'esprit du monde n'est pas positif. Hegel lui-même cherche à dégager une sorte de dialectique de l'histoire, mais il se borne à distinguer quelques grandes phases évolutives. L'entreprise est simplifiée et semble un aspect plutôt faible de son œuvre. Ce n'est en tout cas pas là qu'il faut chercher une dialectique conçue pour le mouvant. Là paraît l'inconvénient de l'idéalisme, la tentation de ne pas assez tenir compte de l'écart indéterminé entre le monde connu et le monde réel. Ce que la dialectique hégélienne n'analyse pas assez et ce qu'il faudrait pour la distinguer mieux d'un éclectisme successif, c'est une interprétation de la variabilité des déterminations spirituelles.

Spencer décrit dans les détails le modèle qu'est pour lui la loi de l'évolution. Cependant, il l'applique aux faits humains et à l'astronomie comme à la biologie. La différentiation et l'intégration des idées reproduisent celles des faits. L'esprit, comme tout organisme, tend à trouver son équilibre. Spencer prévoit le développement dans le sens de la complexité, mais aussi de la précision. Son modèle est complet, mais peu adaptable.

Bergson, ainsi qu'on l'a dit, introduit dans ses ensembles de pensée un élément de différentiation qui tient compte du passage de l'inerte au vivant et au spirituel. Le modèle général s'adapte à chaque objet nouveau selon son contenu. Bergson cependant ne cherche pas un principe rationnel d'interprétation du mouvant, car le principe est pour lui d'échapper à l'intellectualité. En faisant appel à l'intuition, il choisit la voie de l'irrationnel. L'intuition est une expérience absolue. Il use largement de comparaisons et d'images. Est-ce une poésie métaphysique, une manière de suggérer esthétiquement l'intuition et, avec celle-ci, la nature de l'esprit ? Ce style semble donner raison aux philosophes qui, non contents de montrer les limites de la pensée conceptuelle et de toute intellectualité logique, attribuent une valeur spirituelle supérieure à d'autres manières de penser. Des solutions diverses semblent se présenter et l'on pense à remplacer la Raison défaillante par le sentiment religieux, l'expérimentation esthétique sur l'âme, ou l'attitude existentialiste (1). Bergson, cependant, ne choisit aucune de ces solutions et continue à philosopher. Il cherche plutôt, tout en analysant des concepts, à suggérer la réalité spirituelle dont ils procèdent. Chacun de ses livres est conçu à la fois comme un ouvrage scientifique et comme une œuvre d'art. La comparaison avec l'œuvre d'art devient en même temps un procédé philosophique : elle donne une idée de l'esprit changeant et mouvant, qui, en lui-même, vit un acte simple. De la musique euphonique, pourrait-on dire, ne suffit pas à faire une symphonie. Il faut à l'œuvre d'art une unité. Le compositeur s'efforce parfois de construire l'œuvre selon des normes techniques rigoureuses. Cela non plus ne suffit pas et produit une unité formelle, que l'on qualifierait, en termes bergsoniens, d'intellectuelle. L'unité réelle procède d'un mouvement, d'une tension, dont la détente coïncide avec le temps matériel de l'exécution de la symphonie. Dans la réalité, cependant, le musicien écrit la musique avec des notes, le philosophe raisonne avec des concepts et ce sont des consciences intelligentes qui pensent.

1. En ce sens, cf. Jankélévitch (V.), *Henri Bergson*, Paris, 1959.

V

LE PROBLEME DE LA PERSONNALITE

Tout organisme est un début de personnalité, mais la personne humaine est animée par un esprit qui se libère. Définir la personnalité, c'est d'abord situer, dans la nature, l'évènement de cette création évolutive, qui apparaît comme une réussite pour la vie elle-même : « L'évolution de la vie, depuis ses origines jusqu'à l'homme, évoque à nos yeux l'image d'un courant de conscience qui s'engagerait dans la nature comme pour s'y frayer un passage souterrain, ferait des tentatives à droite et à gauche, pousserait plus ou moins avant, viendrait la plupart du temps se briser sur le roc, et pourtant, dans une direction au moins, réussirait à percer et reparaîtrait à la lumière. Cette direction est la ligne d'évolution qui aboutit à l'homme » (1). La genèse de la personnalité rappelle ainsi la lumière allumée selon Schopenhauer et la mystérieuse genèse de la vie suggérée par Novalis. Pour Bergson, l'idée est celle de la fin du deuxième chapitre de *L'évolution créatrice.* Les développements de la fin du troisième chapitre de *L'évolution créatrice* reprennent et amplifient, sur ce point, ceux de la fin du deuxième, dans une perspective enthousiaste. Bergson, entraîné par un élan d'espoir, simplifie peut-être sa propre description du monde et sa théorie de la durée et de l'étendue. Le large courant de conscience qui avait pénétré la matière selon les termes du deuxième chapitre devient, au troisième, un « flot qui monte et que contrarie le mouvement descendant de la matière ». Il est converti presque partout en « tourbillonnement sur place » et passe là où la personne humaine, enfin, le libère. Ce flot est conscience et « enveloppe des virtualités sans nombre qui se compénètrent, auxquelles ne conviennent par conséquent ni la catégorie de l'unité ni celle de la multiplicité, faites pour la matière inerte » (2). La matière seule le divise en « individualités distinctes », qu'elles soient humaines ou autres et cette division se perpétue comme les espèces : « Le courant passe donc, traversant les générations humaines, se subdivisant en individus ». Bergson définit l'élément spirituel de la personnalité : « Ainsi se créent sans cesse des

1. *L'énergie spirituelle,* p. 21.
2. *L'évolution créatrice,* p. 269 et 270.

âmes, qui cependant, en un certain sens, préexistaient. Elles ne sont pas autre chose que les ruisselets entre lesquels se partage le grand fleuve de la vie, coulant à travers le corps de l'humanité (1).

Bergson, fidèle au principe de l'intuition, s'efforce ici de partir de la source de la vie pour en saisir le mouvement d'ensemble. Atteint-il son but ? Il reconstitue l'ensemble de l'élan créateur pour l'analyser ensuite, mais cette tentative, intellectuellement légitime, porte-t-elle la marque d'une intuition particulière qui garantirait sa conformité à la vie ? Si l'on est porté à supposer l'unité ultime de l'élan vital, les renseignements font défaut sur les modalités de cette unité. La comparaison du flot et de son cours risque de faire illusion. Sait-on ce qu'est la durée propre à la nature, ou l'impulsion totale, qui, ayant une fois déclenché le processus d'évolution, s'y dissocie ? Sait-on quelle subjectivité s'attachait à la tension extrême de cet esprit, non pas infini, mais coextensif à la totalité finie de la nature où il se retrouve plutôt qu'il ne se crée. Quel rapport unit l'âme humaine individuelle à cet élan premier ? Si l'intériorité de l'âme résulte de sa spiritualité, comment expliquer que les âmes des différentes personnes soient séparées par la seule matérialité de leurs corps et que la coexistence spatiale confère une intériorité distincte ? Dans quelle mesure l'âme humaine reproduit-elle les caractères généraux de l'élan initial avec une force moindre et dans quelle mesure la dispersion de l'esprit signifie-t-elle une diversification irréversible ? La fin du troisième chapitre de *L'évolution créatrice*, animée d'un élan esthétique, ne laisse pas d'insister sur l'écoulement temporel de l'esprit et contraste avec le roc ou la tangente du présent opposés par Schopenhauer au flux ou au cercle du temps.

L'idée sur laquelle Bergson veut insister, c'est toujours l'illégitimité des interprétations intellectuelles de la durée. Tout ce qui, hors de nous ou en nous, est un ou multiple ressortit à l'espace et non à l'esprit. Le courant de la vie emporte notre conscience avec la nature entière : « Je suis donc – il faut bien adopter le langage de l'entendement, puisque l'entendement a un langage – unité multiple et multiplicité une ; mais unité et multiplicité ne sont que des vues prises sur ma personnalité par un entendement qui braque sur moi ses catégories : je n'entre ni dans l'une ni dans l'autre ni dans les deux à la fois, quoique les deux, réunies, puissent donner une imitation approximative de cette interpénétration réciproque et de cette continuité que je trouve au fond de moi-même »(2).

Il existe une unité de la personne. Le moi profond de l'*Essai* reste, à travers toute l'œuvre de Bergson, le centre de l'action et de la

1. *Id.* 2. *Id.*, p.258 et 259.

connaissance. Il est la durée de la personne, concentrée en elle-même, qui devient, au fur et à mesure que l'on passe des profondeurs à la surface, un système articulé, un ensemble structuré adapté au monde matériel et en communication avec lui. La théorie des plans de conscience de *Matière et mémoire* reprend la même idée. Le plan du rêve est le moi profond coupé de l'action. Le plan de l'action mène, par l'intelligence, au moi superficiel. Le philosophe par son intuition saisit la durée de son moi profond, mais chaque homme peut aussi bien saisir en lui-même une intuition fondamentale. La diversité des intuitions correspond à celle des personnes et aux conditions de vie de chacun. L'intuition ne saurait devancer l'avenir, mais saisit la durée à un degré de contraction plus fort, qui donne à l'action plus de portée. L'intuition atteint l'acquis et la durée de l'âme tout à la fois. Elle dure dans le même sens. Ainsi, « dans la région des faits psychologiques profonds, il n'y a pas de différence sensible entre prévoir, voir et agir » (1).

La primauté du moi profond explique la théorie de la liberté développée dans l'*Essai*. La théorie bergsonienne de la personnalité part de l'indétermination motrice et de l'activité librement dirigée par l'intelligence, mais Bergson n'envisage ainsi que la liberté matérielle. Il ne conteste pas que la vie organique cherche à se donner l'indétermination comme une possibilité d'agir ou de s'abstenir, d'orienter l'acte de telle ou telle manière. Sur le plan des motivations mentales, il applique un système d'évaluation différent et, critiquant Stuart Mill, rejette l'indétermination comme critère de la liberté. Il estime que l'idée d'indétermination spirituelle n'a pas de sens. Elle évoque l'image matérielle de deux trajets entre lesquels on peut choisir. Or, cette image correspond à la réalité s'il s'agit de la liberté motrice, mais, transposée sur le plan de l'esprit, impose à celui-ci un découpage conceptuel artificiel. On se représente à tort une bifurcation au lieu de la durée. L'argument est d'ailleurs illusoire. Une fois l'acte accompli, les déterministes pourront toujours prétendre qu'il était le seul possible : cela ne coûte rien, puisque l'acte est désormais irréversible. En réalité, le présent est un départ absolu, mais la personnalité, elle, n'en est pas un et suit son cours. L'acte libre, selon Bergson, procède du moi profond. La liberté est indéfinissable, car toute définition l'analyserait en cause et en effet. Cette relation mécanique ne correspond pas à la vie en profondeur, qui est une progression. La liberté « admet des degrés ». L'acte est d'autant plus libre qu'il exprime plus complètement la personne : « C'est de l'âme entière, en effet, que la décision libre émane ; et l'acte sera d'autant plus libre que la

1. *Essai sur les données immédiates de la conscience*, p. 149.

série dynamique à laquelle il se rattache tendra davantage à s'identifier avec le moi fondamental » (1). Cela n'est donc pas incompatible, sur le plan des définitions, avec la souveraineté de l'individu sur lui-même, dont parle Stuart Mill, ni avec l'autodétermination de la terminologie dialectique : la différence tient à l'allergie de la durée bergsonienne à tous les concepts.

Bergson reprend le problème dans son *Cours* sur les théories de la volonté donné au Collège de France en 1906-1907 (2). La délibération et l'action, explique-t-il, peuvent être « telles que *l'effort en fait partie intégrante* » (3). Il s'agit des actions d'importance « capitale ». La délibération y occupe une durée déterminée, par exemple quand un artiste peint un tableau. L'aboutissement est un acte libre, qui ressemble à son auteur. L'action suit une « causalité psychique », dont les éléments changent au fur et à mesure de l'opération. Or, il faut trouver « une communication entre la causalité psychologique et celle des autres choses de la nature » (4). A moins de nier la réalité de la causalité psychologique, ou de méconnaître l'importance au moins pratique des causes efficientes mécaniques, on affronte un problème métaphysique. Plotin imaginait une libre chute de l'âme dans le monde de la causalité sensible. Kant considère l'acte libre comme intemporel. Schopenhauer ramène l'activité à une loi du caractère de chacun. Bergson écarte ces explications et revient à *Matière et mémoire* : le cône inversé des souvenirs repose sur sa pointe, qui correspond au déclenchement nerveux de l'action. L'esprit qui se détend agit sur la matière animée par la vie. La liberté est à la fois métaphysique et naturelle.

Pour autant que l'on puisse en juger d'après les documents, Bergson, dans cette analyse, semble soucieux d'indiquer la synchronisation de l'indétermination et de la durée. Il évite de cerner le problème avec des concepts précis. Il préfère se reporter de la volonté à la durée, de la liberté à la personnalité totale.

Le *Cours* donné au Collège de France en 1910-1911 et consacré à la théorie de la personne cherche à établir la continuité dynamique de l'âme individuelle (5). L'analyse, d'après les documents, peut être

1. *Id.*, p. 125 et 126.

2. Les présentes observations sont fondées sur le compte-rendu de ce *Cours* publié dans *Mélanges*, notamment p. 704 et s.

3. *Id.*, p. 710.

4. *Id.*, p. 715.

5. La documentation dont on s'est servi pour ce *Cours* est double. D'une part, on se réfère au compte rendu de la troisième partie et de l'essentiel de la deuxième, publié dans *Mélanges*, p. 847 et s. D'autre part, on n'a pas hésité à utiliser une autre source indirecte contemporaine, constituée par la copie de notes prises à ce *Cours* par Charles Blondel. Le Docteur Blondel était médecin

résumée comme suit. Chacun a une représentation intérieure de lui-même et il y a de la personnalité dans le corps. Les théories de la personnalité cherchent à atteindre le moi. L'empirisme distingue des états d'âme sans les relier et ne le pourrait d'ailleurs pas, car le moi est mobilité continue. Le substantialisme cherche à définir les rapports entre la multiplicité déroulée du moi et son unité enroulée sur elle-même. Il existe en effet un moi dispersé des états de conscience et un courant indivis qui les porte, mais il ne s'agit pas de formes figées. Le criticisme rapporte la multiplicité des états psychologiques à l'unité formelle du moi. Pour Kant, la multiplicité sensible donnée dans le temps et l'espace est unifiée par un moi qui n'est pas un être, mais une forme. Le moi transcendental opère la synthèse d'éléments qui restent distincts comme la totalité des couleurs d'un rayon réfracté par un prisme. Le moi noumène ou transcendant reste inaccessible comme la chose en soi. C'est lui qui opèrerait la synthèse réelle du rayon de lumière blanche. Kant le situe au delà du temps et réduit les durées concrètes, toutes différentes, au dénominateur commun d'un faux temps formel, homogène et vide. Pour Bergson, il faut essayer de saisir la personne immédiatement, sans confondre le réel avec le reconstruit. Il faut s'en remettre à des images : la personne est un déroulement qui change en se déroulant ou un flux visible ; elle est une mélodie auditive. Ces images spéculatives donnent une vision directe du réel et valent mieux que les manipulations d'abstractions, qui, appliquant au réel le cadre d'unité et de multiplicité conçu en vue de l'action, le « réarrangent » au lieu de « l'acquérir ».

La personnalité concrète est un déroulement et un enroulement d'états purs. Les souvenirs sont limités par le corps et par l'action. Bergson, dans son *Cours,* évoque la discussion de 1909 de la *Société française de philosophie,* consacrée à un exposé de G. Dwelshauwers sur l'inconscient (1). Bergson avait alors cherché à délimiter l'inconscient psychologique. Dans le *Cours,* il reprend la théorie de *Matière et mémoire* relative à la conservation intégrale du passé. De même, chacun porte en lui, dans l'inconscient, son caractère, c'est-à-dire l'ensemble de toutes ses tendances et inclinations.

La pathologie confirme cette façon de voir (2). L'amnésie n'est pas la perte des souvenirs, mais l'affaiblissement de la faculté de les évoquer. Les cas dits de dédoublement de la personnalité laissent

psychiatre. Les notes présentent un caractère de sérieux indubitable et, bien qu'incomplètes, donnent des renseignements qui ne figurent pas dans *Mélanges.* La première partie du *Cours,* relative aux théories de la personnalité, fait l'objet d'indications assez détaillées.

1. Cf. *Mélanges,* p. 803.

2. Cf. *Mélanges,* p. 850.

subsister certains éléments communs aux divers rôles assumés, par exemple l'usage d'une langue déterminée pour s'exprimer et l'aptitude à accomplir d'innombrables catégories d'actes. Le passage de la personnalité pourvue de ses cadres réels à une personnalité pourvue de cadres imaginaires, ou constitués de façon anormale, peut représenter une tentative d'évasion devant un mal : ne pouvant se guérir, le malade voudrait se changer. Un tel projet trahit l'affaiblissement du contrôle exercé par l'esprit sur le corps. L'effort constitué par l'accession de l'esprit à la personnalité se relâche. La faiblesse de la volonté abaisse la personnalité au niveau d'un rôle artificiel.

La métaphysique ne cherche pas, comme le croyait Kant, à atteindre une réalité qui transcende le temps et le changement, mais à retrouver le vrai changement continu, le moi changeant. La personne est un aboutissement du courant vital passant dans la matière. Le psychique déborde le cérébral et le mouvement de la pensée ne se réduit pas aux idées discontinues. Comme l'a dit Plotin, le corps est dans l'âme et non l'inverse. La personnalité psychique « se découpe » un corps pour se dissocier et devenir indépendante. Il s'agit d'une tendance plutôt que d'un but. Le corps impose des limitations pour permettre à l'esprit d'agir sur des choses, sur d'autres personnes, ou sur lui-même. La volonté s'intensifie en surmontant l'obstacle de la matière. La raison d'être de la volonté est la création, attestée par la joie. La création est quantitative et qualitative. L'évolution opère une dissociation, mais la compense par une tendance à s'associer. La personne humaine, individualité plus complète, ne vit qu'en association. A la limite, elle voudrait réaliser l'idéal de la société humaine universelle. Des antagonismes s'y opposent. Le moyen de les surmonter n'est pas d'en affaiblir les termes, mais de les renforcer tous afin que tous respectent les autres et se fassent respecter.

Ce *Cours* s'achève donc sur la récapitulation des idées de Bergson relatives aux rapports entre l'intuition créatrice et les fins pratiques de la pensée. La pensée spéculative est un luxe de la conscience, mais devient, au bout du compte, la raison d'être de l'évolution. Elle permet à l'homme de penser et d'agir pour continuer, par des actes conscients et volontaires, l'œuvre de création cosmique dans le courant de laquelle il a pris naissance. Le problème n'est cependant pas encore résolu, car la personne humaine n'exerce pas la liberté qu'elle fonde sur son intuition sans rencontrer d'autres obstacles que la matière ou des formes moins évoluées de la vie. La personne se heurte à d'autres semblables à elle. L'homme vit en société. L'homme libre bergsonien affronte à son tour le problème de la coexistence des libertés morales que Fichte a posé dans *Die Bestimmung des Menschen.* Pour Fichte, c'était un conflit de législateurs, pour Bergson, c'est un conflit de durées.

le résultat pratique n'est guère différent. La tendance à s'associer est contrecarrée par des antagonismes. Si la nature vivante, bien qu'elle entrave la liberté, lui donne aussi le premier exemple de son exercice et de la création spirituelle, le problème moral ne s'en trouve pas simplifié : la personne est prise entre la matière et l'esprit, mais aussi entre la vie et l'esprit.

Bergson tente de résoudre le problème quand, bien des années plus tard, il aborde l'étude de la société dans *Les deux sources de la morale et de la religion*. Analysant alors la vie sociale, il prolonge de façon peut-être excessive l'image sinon de l'espèce humaine, du moins des groupes humains décrits comme le ruissellement d'un flot divisés par les obstacles. Le collectivisme ontologique suggéré par cette image établit une communauté fondamentale à l'intérieur du groupe. L'individu lui-même se scinde en cellules coordonnées, mais les individus distincts cherchent à reconstituer, en s'associant, sinon une individualité parfaite, du moins une communauté de vie qui s'en rapproche. Il y a, certes, une part de vérité dans ces idées, mais on peut estimer que Bergson les pousse trop loin quand il les transforme en une théorie organique de la société pour attribuer à la morale une nature « biologique ».

On a indiqué plusieurs ressemblances et oppositions entre la pensée de Bergson et celle de Hegel. Les unes et les autres se retrouvent dans le domaine de la vie morale et sociale, mais sous une forme plus intense. D'une part, Hegel s'y engage sur une voie qui semble plus proche de celle de Bergson. La dialectique hégélienne de l'Etat et du Droit n'est pas seulement orientée, mais insiste sur la cohésion de l'ordre social et la primauté de l'intérêt général. Hegel cède à la tentation d'oublier en partie les conditions métaphysiques et logiques générales de la dialectique et veut présenter l'Etat comme un organisme. Certes, il s'agit d'un organisme articulé et complexe, mais l'Etat, malgré sa finitude institutionnelle, n'en réalise pas moins l'Idée morale. Dans cette mesure l'Etat hégélien présente divers caractères de la coordination naturelle que Bergson, en adoptant un point de vue organique qui l'oppose le plus souvent à Hegel, met volontiers en lumière. Cependant, ce que Hegel appelle un organisme n'en est évidemment pas un en termes bergsoniens, mais consiste, au plus avec un changement partiel d'intention, à recomposer le vivant avec des éléments artificiellement distingués. D'autre part, Bergson n'envisage pas le Droit de l'Etat qui informe la société, c'est-à-dire la nation ou le peuple, en personne morale, mais la société même, dont l'Etat, pour lui, représente un développement institutionnel relativement contingent. A cet égard, il convient d'établir une distinction entre la théorie organique de l'Etat et celle de la société.

Bergson, en matière sociale, semble accepter un assez grand nombre d'idées développées par Spencer. Dans un passage de *Social Statics,* Spencer compare la société à un organisme composé d'éléments spécialisés et interdépendants. L'évolution de l'organisme social dépend de celle des habitudes des individus qui le composent. L'essence de l'habitude est l'exercice ou le non-exercice des facultés, qui les renforce ou les atrophie. Spencer applique ici surtout à la fonction sociale la théorie que Bergson félicite Lamarck d'avoir appliqué à l'organe physique. La statique sociale est la science du bonheur social et veut définir dans quelles conditions tous les hommes peuvent exercer au mieux leurs facultés respectives. Une solution serait de permettre à chacun d'agir librement tant qu'il ne heurte pas les autres. Cependant, l'exercice des facultés humaines est plus ou moins normal et la maxime proposée peut avoir pour effet d'interdire à l'un d'exercer ses facultés normales de crainte de porter atteinte à l'exercice, par autrui, de facultés anormales. Dans la vie réelle, cela se produit souvent et se consolide sous forme de mauvaises habitudes, par exemple si des affaires d'argent limitent la liberté du mariage. Une autre solution serait de laisser chacun libre d'agir à sa guise tant qu'il n'empêche personne d'exercer la même faculté. Selon cette maxime, les individus resteraient libres d'accomplir divers actes blâmables, par exemple de s'énivrer. Ainsi la règle du respect d'une liberté égale d'autrui n'est-elle pas assez restrictive et celle de l'abstention de tout acte nuisible l'est trop. Spencer en conclut qu'il faut préférer la règle négativement défaillante et cherche à en corriger l'insuffisance par une règle additionnelle. La règle fondamentale est que « chacun peut revendiquer la plus entière liberté d'exercer ses facultés du moment que tous les autres hommes peuvent se prévaloir de la même liberté (1). Telle est la règle de la justice. La bienfaisance négative impose des restrictions supplémentaires. A la longue, un tri s'effectuera. Les facultés nécessaires qui causent un dommage accessoire à autrui vont se perpétuer. Spencer ajoute que cette justification philosophique de la morale ne saurait, à elle seule, inciter les gens à s'y conformer. Il a énoncé une « vérité fondamentale dont le sens moral doit donner l'intuition et que l'intellect doit développer en une moralité scientifique » (2).

1. Spencer (H), *Social Statics,* p. 78 : « Every man may claim the fullest liberty to exercise his faculties compatible with the possession of like liberty by everyother man ».

2. *Id.*, p. 90 et 91 : « This first and all-essential law, declaratory of the liberty of each limited only by the like liberty of all, is that fundamental truth of which the moral sense is to give an intuition, and which the intellect is to develop into a scientific morality ».

Dans un essai consacré à l'organisme social, Spencer énumère les différents aspects de la comparaison entre la société et l'organisme. Les sociétés grandissent, leur organisation devient de plus en plus complexe. L'évolution de l'embryon préfigure le développement social et les tissus qui se superposent remplissent les fonctions des gouvernants et des gouvernés, puis de la classe commerçante. La circulation des produits ressemble à celle du sang, les voies de communication aux vaisseaux sanguins, le profit à l'excédent alimentaire indispensable et le Parlement est le cerveau (1).

Ainsi faudrait-il appliquer à la lettre l'idée organique à la société. L'individu vivant et le groupe seraient deux manifestations d'un phénomène unique, alors qu'en réalité l'organisme vivant est un individu et le groupe un phénomène distinct, comparable dans les limites d'une parenté lointaine.

Bergson s'inspire de cette exagération regrettable. Dans *Les deux sources*, il part du phénomène de l'habitude sociale érigée en loi contraignante, qu'il compare aux lois de la science. Il rappelle que la mentalité primitive explique les lois des faits naturels comme un commandement ; au lieu d'opposer cette confusion à celle, plus moderne, des lois positives avec les lois scientifiques, il estime qu'un échange continuel se fait entre les deux idées : « La loi prend au commandement ce qu'il a d'impérieux ; le commandement reçoit de la loi ce qu'elle a d'inéluctable » (2). Plus instructive est la comparaison faite par Montesquieu, qui garde sa valeur. Si l'organisme reste uni selon ses lois que la science découvre, les sociétés humaines risquent l'anarchie car les individus dont elles se composent sont libres. La loi sociale restitue une certaine nécessité à l'ordre compromis et elle le fait surtout au moyen de l'habitude : « l'obligation est à la nécessité ce que l'habitude est à la nature » (3).

A première vue, cette description de l'obligation sociale rappelle la définition sociologique du fait social donnée par Durkheim, mais les différences d'insistance apparaissent encore plus que les ressemblances. Le « fait social » s'impose. Or, la contrainte sociale, telle que Bergson la conçoit, s'impose aussi, mais seulement en partie : un débat peut s'engager entre le social et l'individuel et l'on ne sait pas vraiment d'avance lequel l'emportera en fait. D'autre part, selon Durkheim, « ces types de conduite ou de pensée sont extérieurs à l'individu, bien qu'il s'agisse de « sentiments collectifs » que l'individu partage

1. Cf. Spencer (H), *The Social Organism, Essays*, vol. 1, p. 384 et s. et dans Peel (J.D.Y.) *Herbert Spencer on Social Evolution*, Chicago et Londres, 1972, p.53 et s.

2. *Les deux sources de la morale et de la religion*, p.5.

3. *Id.*, p. 7.

plus ou moins » (1). Selon Bergson, la contrainte sociale a pour caractéristique essentielle de s'introduire dans la conscience individuelle, de lui devenir intérieure sous la forme du « moi social ». Celui-ci se rattache au « moi superficiel » de l'*Essai*. La personnalité extérieure sert de lieu de passage entre l'individuel et le social, tout en appartenant à l'individu. Psychologiquement, elle permet une délimitation : en elle, l'extériorisation personnelle s'équilibre avec l'envahissement de la personne par la réalité sociale. L'obligation morale et sociale devient l'une des habitudes du moi superficiel et, en cas de conflit, peut s'opposer de l'intérieur aux velléités déviationnistes ou anarchiques de l'individu. Le moi social, en ce sens, constitue un aspect très important du moi superficiel. Si l'on distingue, sur ce plan, l'obligation de la contrainte matérielle susceptible d'être exercée par autrui, elle apparaît comme une habitude renforcée.

La force de cohésion de la société procède de la tendance unificatrice naturelle qui se manifeste dans le groupe à cause de son origine vitale commune. Elle explique non seulement l'existence des obligations, mais leur solidarité. Les habitudes sociales forment un tout et se renforcent les unes les autres. Elles se superposent aux aspects naturels de la personne et se transmettent par l'éducation. Le naturel subsiste sous cette couche d'habitudes acquises et lui donne sa force. Aussi ne s'agit-il pas de n'importe quel groupe, mais de groupes naturels, c'est-à-dire familiaux ou ethniques, ou au moins de sociétés unies par la communauté des intérêts primordiaux de la vie et, si elles sont menacées, de la survie. La famille, pour Bergson, se développe naturellement en nation comme, selon Aristote, elle se développait en cité. Il y a là une idée qui évoque aussi la « communauté », vantée et distinguée de la « société » par Tönnies. Bergson qualifie le groupe qu'il décrit de « société close ».

Au delà, le mouvement unificateur ne peut pas s'étendre. De la nation, estime Bergson, on ne passe pas à l'humanité par voie d'extension numérique. L'humanité ne présente pas les caractères de la nation, ou de la patrie, car la vie ne rassemble pas naturellement les hommes en une seule collectivité organique, mais en laisse se former plusieurs qui coexistent. Pour sortir de la société close, il faudrait franchir les portes inaccessibles d'une tour de Babel en ruines. La voie reste barrée. L'humanité ne peut être atteinte que d'en haut. Elle n'est pas la plus grande société close, mais la société ouverte. Elle aussi tend à retrouver son unité, mais plus ontologique qu'organique. La communauté de l'élan vital, le torrent initial s'est scindé pour former, après les espèces, les nations. L'élan naturel de la vie ne peut les réunir, mais l'intuition,

1. Durkheim (E), *Les règles de la méthode sociologique*, Paris, p. 4. Cf. cependant *id.*, p. 67.

capable d'atteindre l'élan spirituel qui se survit en l'homme, peut libérer une force qui transcende les organismes collectifs et agisse pour eux afin de les rapprocher et de reconstituer volontairement leur communauté d'origine. Telle est la deuxième source de la morale et de l'obligation. Le principe unificateur de la société ouverte est ainsi le même que celui de la société close, c'est l'élan vital, mais sur un autre plan où, plus profond, plus tendu, il ressemble plus à lui-même. La société ne le capte pas, seule une personne en est capable. Il n'exerce pas une pression, mais une aspiration. Pour y accéder, il faut l'héroïsme. Bergson cherche à définir cette inspiration exceptionnelle. L'âme se libère et ignore tout obstacle matériel. Elle accomplit un acte créateur, identique à celui qui crée les espèces dans la nature et, pour le décrire, Bergson reprend, dans *Les deux sources*, la comparaison de la limaille de fer utilisée dans *L'évolution créatrice.* Cette création, le héros en capte l'élan par une émotion. Bergson précise : « en faisant une large part à l'émotion dans la genèse de la morale, nous ne présentons nullement une « morale de sentiment » (1). Il n'y a pas de retour au romantisme philosophique. Pour comprendre la distinction il faut se reporter à la théorie de l'émotion de *Matière et mémoire.* L'homme qui s'apprête à agir prend conscience du début de son acte sous forme émotive. Loin que le sentiment se fixe sur lui-même de façon intellectuelle, l'esprit entier se porte en avant dans l'exercice de sa liberté. La plupart des émotions sont superficielles et procèdent des actes matériels. Une émotion profonde peut annoncer un acte libre ou une intuition qui engage la personnalité : elle « précède la représentation ».

Selon Bergson, la première source de la morale, c'est-à-dire l'habitude sociale, est infra-intellectuelle, tandis que la seconde, l'émotion, est supra-intellectuelle. Il analyse la transformation des deux catégories d'obligations correspondantes en concepts.

Le problème est relativement simple pour la morale de la pression. Le moi social, d'abord, se laisse aller à obéir. Il atténue, dans l'ensemble, les conflits susceptibles d'opposer les individus en disciplinant les activités sociales. Celles-ci deviennent des habitudes communes à tous, qui préviennent le heurt des libertés. L'obligation sociale facilite la vie et l'individu, le plus souvent, s'y conforme sans effort. Parfois, elle entrave l'activité individuelle et, sous l'impulsion de quelque intérêt, une résistance se manifeste. L'individu s'insurge contre telle ou telle habitude et cela complique sa tâche. A l'appui de sa résistance, il invoque des justifications intellectuelles. Celles-ci ne le persuadent pas toujours, mais l'habitude, une fois remise en cause,

1. *Les deux sources de la morale et de la religion,* p. 44.

ne paraît plus se suffire à elle-même. L'intéressé plaide tour à tour contre et pour l'habitude : « Pour résister à la résistance, pour nous maintenir dans le droit chemin quand le désir, la passion ou l'intérêt nous en détournent, nous devons nécessairement nous donner à nous-mêmes des raisons » (1). L'obligation sociale ne devient pas intellectuelle et continue à peser sur la volonté avec la force de toutes les habitudes consolidées du moi social, mais la Raison interprète cette pression comme un impératif et le conceptualise. Par suite de la complexité de la vie dans les sociétés humaines, surtout évoluées, une certaine relativité s'attache au devoir et il peut y avoir des incertitudes. L'impératif catégorique n'existe pas chez les hommes, alors qu'il existerait chez des fourmis devenues conscientes de leurs actes. L'impératif social explique « une bonne moitié de notre morale » (2).

L'autre part s'explique par l'émotion qui mène à la morale ouverte. Il faut donc que l'héroïsme exceptionnel de quelques hommes se soit communiqué avec assez d'intensité à un nombre suffisant d'émules pour modifier non seulement les attitudes individuelles, mais les habitudes sociales. La vulgarisation de l'héroïsme suit un cours difficile à reconnaître. L'appel du héros se fait pourtant entendre plus ou moins. Bergson affronte un problème semblable à celui de la vulgarisation de l'intuition : c'est, sous une autre forme, le même problème. Toute intuition s'exprime en intelligence et, par conséquent, toute émotion morale au sens fort. Bergson reconnaît la difficulté : « la première morale est relativement facile à formuler, mais non pas la seconde » (3). Les habitudes de la première participent de la fixité des choses et donnent prise à la conceptualisation, les états d'âme de la seconde sont dynamiques. Pour les exprimer, il faudrait « une expression directe du mouvement et de la tendance » ; si l'on veut, à défaut, comme c'est inévitable, « les traduire dans la langue du statique et de l'immuable, on aura des formules qui frôleront la contradiction » (4).

La société ouverte a une réalité concrète au même titre que l'espèce humaine, mais elle n'acquiert un sens que par les progrès de la morale ouverte. Ceux-ci commencent par modifier l'ordre moral des sociétés closes, dont les membres doivent obéir à deux catégories d'obligations. Entre la société close et la société ouverte, il y a la société qui s'ouvre. Telle est la situation actuelle des groupes humains dans le domaine moral : une forme intellectuelle unique s'applique à toutes les obligations, que celles-ci viennent de la morale close ou de la morale ouverte. A ce stade se développe une attitude intermédiaire

1. *Id.*, p. 15.
2. *Id.*, p. 46.
3. *Id.*, p. 57.
4. *Id.*, p. 58.

de la pensée à l'égard du problème moral et Bergson critique ce qu'il considère comme l'intellectualisme formel de la morale ainsi conçue, représentée par Kant. Un dépôt, selon Kant, doit être restitué car il cesserait autrement d'être un dépôt. C'est là, selon Bergson, jouer sur les mots. Le simple fait de déposer un objet en annonçant l'intention de le reprendre plus tard ne crée pas d'obligation de restituer. Cette obligation prend naissance si le mot dépôt est pris « avec l'acception qu'il a dans un groupe humain où existent des idées proprement morales, des conventions et des obligations » (1). Bergson ajoute que la logique n'explique pas l'obligation mais l'exprime : « Ce n'est plus à la nécessité de ne pas se contredire que se ramènera l'obligation morale, puisque la contradiction consisterait simplement ici à rejeter, après l'avoir acceptée, une obligation morale qui se trouverait être, par là même, préexistante ». La logique, commente Bergson, n'est pas l'obligation première du comportement. D'ailleurs, on commet la même erreur si l'on prend un concept quel qu'il soit pour donner à l'obligation formelle de la raison un contenu matériel : la relativité des concepts les rend impropres à fonder l'obligation. L'idée du Bien n'indique pas ce qu'est le Bien et pourquoi. L'intelligence, livrée à elle-même, ne construirait pas de morale, mais irait dans le sens des intérêts égoïstes. Mise en face de l'obligation dont l'élément obligatoire ne vient pas d'elle, elle construit une morale théorique. Les sources de l'obligation restent la pression de la société close et l'aspiration de la morale ouverte.

La critique bergsonienne de la morale kantienne se rapproche donc à certains égards de la critique hégélienne exposée dans la *Philosophie du Droit*. Hegel décrit le point de vue du sujet moral évolué, qui oppose l'idée formelle qu'il se fait de lui-même à celle qu'il se fait du monde sans jamais rétablir de contact réel entre l'une et l'autre, sans jamais dépasser leur antinomie. La loi morale et la loi naturelle, pour Kant et Fichte, doivent se rejoindre dans un monde meilleur. D'autres, moins scrupuleux, échangent à discrétion la volonté morale contre son apparence. Le subjectivisme incite encore à chercher un monde romantique, qui mène aux excès de la nature spontanée. A ces périls, Hegel oppose un retour aux impératifs du monde concret tels qu'il les conçoit. Il cherche à ordonner ce monde selon la Raison en construisant un système à la fois dialectique et organique de l'Etat. La théorie de la société proposée par Bergson, organique au départ, introduit peu à peu les éléments d'une complexité croissante et ceux-ci s'opposent : société naturelle, individu rationnel, société ouverte et intuitive.

1. *Id.*, p. 87 et 88.

Bergson évoque les problèmes de la conscience individuelle, ou ce que l'on pourrait appeler la moralité subjective, et montre comment l'individu compare mentalement plusieurs images de lui-même. Le respect de soi s'apprécie le plus souvent par rapport à l'amour-propre du groupe, mais peut prendre pour modèle une grande figure morale. Les actes humains sont soumis à la règle de la justice, car la société exige le respect de l'égalité ou au moins de certaines proportions, dans les échanges de choses, puis dans les relations de personnes. L'idée de justice, cependant, varie avec les conditions de l'ordre social. La lutte pour le pouvoir peut se transformer en conflits de classes. A travers les conflits, certains progrès moraux s'accomplissent sous l'impulsion de réformateurs, mais dès qu'on les formule en termes intellectuels, ils échappent. Ainsi en va-t-il des idées de liberté et d'égalité. Bergson reprend le problème posé par Spencer et discute le principe selon lequel « l'individu a droit à toute la liberté qui ne lèse pas la liberté d'autrui » (1). Une liberté nouvelle, dans le monde actuel, « aurait pour conséquence un empiètement de toutes les libertés les unes sur les autres ». Elle changerait néanmoins la société, si bien que sa propre incidence changerait aussi : dès que la quantité de liberté change, la qualité change aussi. Autrement dit, la liberté générale risque de ne pas atteindre un niveau fort élevé. D'ailleurs l'égalité ne s'obtient qu'aux dépens de la liberté. Cependant, ajoute Bergson, on ne peut prévoir l'effet de réformes conçues sous forme théorique : « il faudra toujours revenir à la conception de créateurs moraux, qui se représentent par la pensée une nouvelle atmosphère sociale, un milieu dans lequel il ferait meilleur vivre » (2).

La théorie des cadres philosophiques du Droit public esquissée par Bergson ne manque pas d'un réalisme assez pessimiste. Elle a quelque ressemblance avec celle de Hegel, dans la mesure où, bien qu'à un degré moindre, elle tend à sous-estimer le rôle de l'individu rationnel pour surestimer la cohésion de la société, sinon de l'Etat, et présenter les conflits entre les peuples comme plus inexpiables encore qu'ils ne sont. La société naturelle, selon Bergson, évolue dans le sens de la hiérarchie et de l'autorité. La démocratie, fondée sur le principe opposé, procède, dans ce qu'elle a de réel, d'une inspiration ouverte et universelle. Les oppositions nationales se perpétuent de façon plus tenace. Selon Bergson, « Les deux maximes opposées *Homo homini deus* et *Homo homini lupus* se concilient aisément », car le dieu est un compatriote et le loup un étranger (3). Les nations luttent pour assurer leur existence quand leur population s'accroît : les primitifs veulent « une forêt, un lac, une rivière », les Etats modernes

1. *Id.*, p. 80. 2. *Id.* 3. *Id.*, p. 305.

veulent accéder aux matières premières ou compenser des débouchés qui se ferment. Les modernes se massacrent entre eux avec des moyens industriels sans cesse accrus par les progrès de la science. Bergson reconnaît cependant la valeur de l'organisation internationale. La Société des Nations représente un effort pour empêcher la guerre. Etant donné que les causes des conflits restent profondes, il faut, pour les éliminer, des mesures qui les atteignent. « C'est une erreur dangereuse que de croire qu'un organisme international obtiendra la paix définitive sans intervenir, d'autorité, dans la législation des divers pays et peut-être même dans leur administration. Qu'on maintienne le principe de la souveraineté de l'Etat, si l'on veut : il fléchira nécessairement dans son application aux cas particuliers » (1). La difficulté n'est pas insurmontable avec la participation d'une « portion suffisante de l'humanité ». Bergson estime donc que l'organisation mondiale, pour accomplir sa tâche doit exercer, sous forme fédérale, des pouvoirs considérables.

L'étude des sociétés naturelles ou closes conduit Bergson à identifier, à côté des antinomies de la raison abstraite, des antagonismes non seulement entre les individus, mais entre les organismes collectifs que sont pour lui les groupes. Antinomies et antagonismes se manifestent au cours de l'évolution et, quand il s'agit de l'humanité au cours de l'histoire. On constate des tendances historiques comme des tendances biologiques. Il y a aussi des flux et des reflux et une sorte d'oscillation, mais, commente Bergson, « l'image d'un mouvement en spirale, qu'on a évoquée quelquefois, serait plus juste que celle de l'oscillation pendulaire » (2). Une politique qui réussit lasse à la longue et s'accompagne d'inconvénients imprévus. Elle incite à vouloir lui substituer la politique antérieure, dont les générations nouvelles n'ont pas fait l'expérience. Il y a spirale et non cercle, car, dans l'intervalle, le monde a changé. C'est ce qui arrive dans le système parlementaire s'il n'y a que deux partis : l'alternance ressemble à une oscillation, mais le parti qui revient au pouvoir n'est plus le même que quand il l'a quitté : il a profité de l'opposition pour s'enrichir de l'expérience du parti rival alors en place. L'évolution des lois historiques se conforme aux caractères généraux de l'évolution de la vie : « une tendance est la poussée d'une multiplicité indistincte, laquelle n'est d'ailleurs indistincte et n'est multiplicité, que si on la considère rétrospectivement, quand des vues diverses prises après coup sur son indivision passée la composent avec des éléments qui ont été en réalité créés par son développement » (3).

Interprétant l'évolution des tendances selon son schéma vital,

1. *Id.*, p. 309. 2. *Id.*, p. 311. 3. *Id.*, p. 313.

Bergson propose une théorie des courants historiques. L'intensification des antagonismes renforce l'opposition entre les courants : ainsi, une tendance à l'origine indissociée se divise-t-elle d'abord sous la forme d'une « dichotomie » modérée, qui peut se développer en « double frénésie ». Le phénomène est commun à la vie individuelle et à la vie sociale. Dans l'évolution des espèces vivantes, les tendances issues par dissociation d'un mouvement initial coexistent dans leur diversité sous la forme d'espèces distinctes. Si les tendances se dissocient dans le même individu ou la même société, « elles ne peuvent d'ordinaire se développer que successivement » (1). Chacune se développe pour elle-même tour à tour. Pendant qu'elle se développe, elle paraît positive et la tendance négligée se présente comme sa négation. La frénésie consiste à pousser une tendance à la limite.

Si cependant l'on admet, comme l'exemple initialement tiré de l'alternance des partis en régime parlementaire semblait le suggérer avec raison, que la société, comparée ou non à un organisme, n'est pas toujours unie et que les tendances dissociées s'incarnent dans des personnes ou des partis différents, la loi de dichotomie et celle de double frénésie peuvent recevoir un sens plus complexe. Les tendances peuvent coexister dans un esprit de modération, ou s'opposer dans un esprit d'extrémisme. Leurs représentants respectifs, dont l'antagonisme prolonge l'antinomie des points de vue, peuvent rivaliser dans l'émulation pacifique ou se livrer une lutte d'élimination. La division peut devenir plus ou moins absolue sur le plan des idées, puis sur celui de l'action. La double frénésie, de ce point de vue, ressemble au phénomène qualifié de polarisation suivant Engels.

La théorie de la dichotomie et de la double frénésie rappelle à quel point l'élan vital qui anime l'histoire s'extériorise et se concrétise sous forme intellectuelle. L'exemple choisi par Bergson, qui oppose l'ascèse du mysticisme médiéval à la civilisation industrielle savante, mais trop dépensière du monde moderne, donne lieu de croire qu'il s'agissait, dans son esprit, d'une dichotomie, ou d'une double frénésie orientées. Les deux mouvements s'opposent comme une antinomie incarnée dans des antagonismes. L'opposition, en réalité, n'est pas plus symétrique que celle de la durée et de la matière. Est-ce à dire que Bergson préférait le mysticisme ? Cette question semble appeler une réponse nuancée. Bergson n'aurait pas cru souhaitable, ni possible, d'abolir les progrès techniques au nom du mysticisme. Au fond de sa pensée, cependant, il préférait la mystique aux machines. C'est ce que confirme, dans *Les deux sources*, le chapitre consacré à la « religion dynamique ».

1. *Id.*, p. 314.

Il serait instructif de prolonger, à propos des textes relatifs à la religion, la comparaison que l'on a tentée, dans divers domaines, entre Hegel et Bergson. Hegel a écrit sur la religion, mais sa description du monde invite à penser qu'il se souciait peu de se conformer à des dogmes. Il donne l'impression d'avoir voulu ménager les institutions existantes et d'avoir considéré la religion comme un auxiliaire de la morale et un stimulant de la pensée spéculative. Bergson discute de la religion dans un esprit de grande liberté. Il oppose deux religions, comme deux morales et deux sociétés. Il semble considérer chacune de ces religions comme une manifestation particulière de la société correspondante : la religion statique serait une forme de la société close, la religion dynamique une expression de la société ouverte. Si, selon lui, l'étude de la première confirme les conclusions de la morale, il aborde, à propos de la seconde, la recherche hardie d'expériences susceptibles de révéler l'élan vital dans sa spiritualité la plus authentique et l'on se demande s'il ne prête pas à la personne humaine, sous la forme de l'expérience mystique, une aptitude à dépasser même l'intuition philosophique et l'appel du héros. Le mysticisme fait de la religion, pour lui, « un auxiliaire puissant de la recherche philosophique » (1).

Il ne saurait être question de confirmer ou d'infirmer ici le jugement porté par Bergson sur l'authenticité de l'expérience mystique, si l'on entend par là la communication de la personne avec l'esprit dont la vie est issue. Il peut être cependant permis de constater que Bergson accepte sans difficulté les récits de cette expérience. Or, même quand leur sincérité ne fait pas de doute, leur portée réelle n'est pas aisée à apprécier. La convergence des récits des mystiques, invoquée par Bergson à l'appui de l'authenticité de l'expérience décrite, peut résulter de la ressemblance des attitudes de l'âme. Les états d'âme décrits peuvent avoir diverses causes moins extraordinaires que ne le croient les défenseurs et même les critiques du mysticisme. La lecture de textes de Thérèse de Lisieux, par exemple, peut susciter une pleine adhésion si on les prend à la lettre. Ils peuvent aussi évoquer l'image d'une personnalité pourvue d'un esprit de caractère juridique, qui applique rigoureusement les lois d'un groupe restreint et se persuade que l'idéal de ce groupe se réalise au fur et à mesure comme il devrait se réaliser. Quoi qu'il en soit, Bergson affirme qu'il croit à la réalité de l'expérience mystique et, sans adhérer lui-même au christianisme, considère le mysticisme chrétien comme le plus parfait.

Qu'en résulte-t-il ? Le mystique pense communiquer avec Dieu. Il communique au moins avec l'élan vital et l'appelle Dieu. Si l'idée

1. *Id.*, p. 266.

de Dieu conçue par l'intelligence est statique et incapable de saisir l'élan, le Dieu vivant de la religion correspond mieux à la réalité spirituelle à laquelle aboutit la vraie philosophie. L'élan vital ou divin révélé par les mystiques est peut-être transcendant par rapport à la nature et à l'homme. Tout en donnant l'impulsion finie qui crée la nature naturée, il peut conserver sa plénitude comme nature naturante. Bergson commente : « Nous dépassons ainsi, sans doute, les conclusions de *L'évolution créatrice* ». Il ajoute : « Ici, nous ne sommes plus que dans le domaine du vraisemblable... les conclusions que nous venons de présenter complètent naturellement, quoique non pas nécessairement, celles de nos précédents travaux » (1).

D'autre part, Bergson pose la question de la survie. Il dépasse, sur ce point encore, *L'évolution créatrice,* en attribuant une probabilité, sinon la certitude, à des hypothèses métaphysiques plus osées. A la fin du Chapitre III de *L'évolution créatrice,* il laissait entrevoir le jour où l'humanité triompherait de la mort. Il affirmait, certes, la nature spirituelle de l'âme humaine, mais non sa survie. Dans *Les deux sources,* il présente la spiritualité comme certaine et la survie comme probable. Il précise : « Le problème doit rester ouvert » (2).

On peut se demander comment l'esprit disparaît. La réponse de Bergson est double. D'une part, c'est l'intellectualisme qui attribue à l'âme spirituelle, consolidée en chose, des caractères nécessaires, dont l'incorruptibilité qui la rendrait immortelle. D'autre part, il se peut que la mort de l'individu, sans atteindre l'esprit qui l'animait, élimine la matérialité qui canalisait un aspect de cet esprit dans une conscience distincte : cette conscience disparaît, bien que l'esprit même survive.

Bergson reconnaît à l'âme individuelle plus d'originalité qu'il ne lui garantit de permanence. L'originalité créatrice caractérise l'acte de l'esprit avéré. Ce caractère et la convergence de divers faits irréductibles à la matière permettent de conclure à l'unité de nature de ceux-ci et de dégager une idée générale de l'esprit. Il faut alors tirer des images de la substance matérielle, donc figurer un ordre d'existence par l'ordre opposé. Il faut mettre en œuvre les facultés intellectuelles, qui ne sont pas l'essence de l'esprit. A travers l'opposition, il semble toutefois permis de constater une analogie entre l'esprit intellectualisé, que décrit Bergson, et l'acte de la Raison dans le monde, dont les idéalistes plus intellectualistes proposent des interprétations. L'esprit hégélien, pourrait-on dire, est divers et surtout un, l'esprit bergsonien un et surtout divers.

1. *Id.*, p.272. 2. *Id.*, p. 281.

VI

LES DIRECTIONS DE L'INDIVIDUALITÉ

Après avoir suivi Bergson et recueilli, au fur et à mesure, les éléments d'une théorie de l'individualité, il faut affronter l'épreuve surprême et concrétiser les résultats de l'étude entreprise. Tout confirme que Bergson se situe dans le courant principal, assez tourbillonnant, de l'évolution philosophique. Or, de ce point de vue, le problème de l'individualité présente des caractères définis. L'individualité est relative dans un monde de finitude. Tout individu est déterminé par son essence et contingent en son existence. Même la totalité du monde fini obéit à cette règle.

Toute individualité appelle donc une définition et une constatation. La définition elle-même s'unifie en un concept. Il peut sembler que le concept est général et l'existence individuelle. A cette formule sommaire, il faudrait apporter des précisions et Aristote s'est efforcé d'y parvenir. Le concept se réfère à une série stable d'autres concepts, complétée par une série instable et tous les concepts sont généraux. Or, il n'est pas de science sans celle du général. Locke distinguait trois substances : Dieu, les intelligences finies et les corps (1). Si l'on s'en tient aux deux dernières, il est clair que Locke leur attribuait une nature déterminée de caractère général. Leur individualité consistait à exister, pour chaque intelligence, comme une succession temporelle unique, pour chaque corps, comme le fait d'occuper à soi seul une partie de l'espace. Ainsi conçue, l'individualité pose surtout un problème d'existence. Elle n'en pose pas moins simultanément un problème d'essence, car la pensée ne peut se passer de savoir ce qui est.

Voilà pourquoi, si tout individu s'affirme par son existence, toute théorie de l'individualité ressemble à une théorie du concept. A cet égard, le domaine brièvement exploré dans la présente étude

1. Locke (J.), *An Essay Concerning Human Understanding*, Book II, Ch. XXVII.

ressemble à celui de l'ouvrage de M.J. Theau *La critique bergsonienne du concept.* Le point de vue reste cependant, si possible, plus général. Le concept est un individu de la pensée humaine et il en va de même du concept immuable ou de l'idée. L'individu se manifeste dans le monde et le monde lui-même forme un individu. On peut même, à ce propos, méditer sur les rapports entre le monde et un Dieu possible. Compte tenu des différences de point de vue, l'étude du concept est nécessaire à celle de l'individu. Or, si Bergson a critiqué le concept, n'a-t-il pas aussi critiqué l'individualité ? Ne s'agit-il pas d'une « critique bergsonienne » à double effet ?

Bergson conçoit d'abord le monde comme spirituel et l'esprit comme une durée. L'individualité, selon lui, résulte d'un arrêt de cette durée, c'est-à-dire d'un fait d'ordre matériel. A la limite, l'individu n'est donc qu'une manifestation imparfaite du réel,, une retombée de l'élan. Ce qui compte, c'est l'esprit qui s'individualise. Bergson cependant suit avec attention l'interaction permanente de l'esprit et de la matière. A l'échelle de l'ensemble de l'évolution, les formes diverses de l'individuation correspondent à des directions divergentes de la vie. Dans la mesure où ces directions se partagent un monde unique, leurs réalisations semblent se situer à des niveaux divers de l'interaction de l'esprit et de la matière. Il ne s'agit cependant pas là d'une hiérarchie de valeurs, ni d'une échelle rationnelle des êtres possibles. Les directions diverses semblent aboutir à des niveaux de fait qu'il est légitime de reconnaître et d'expliquer après coup. La constitution de la matière inerte révèle des différences de structure physique et chimique. La matière se divise en éléments plus ou moins discontinus. La vie, de nature spirituelle, crée des individus de plus en plus individualisés et organisés. L'être humain, par sa conscience, saisit sa propre continuité. Il fabrique des objets. Il fabrique le langage. Avec ces instruments, il invente des ouvrages intéressés ou désintéressés, mais toujours significatifs. Sa personnalité s'étage sur des plans plus ou moins matériels et externes, plus ou moins spirituels et internes. L'image de l'esprit humain n'est donc pas l'élévation, mais la profondeur. Dans ce système du monde, toute individualité correspond à une durée et tout individu a droit aux honneurs de l'acte spirituel dont il procède. Avant de constituer l'extériorisation d'une durée désormais figée, l'individualité devient comme un acte qui s'extériorise. L'unité de l'acte précède celle de la chose et les deux s'opposent. La relation entre l'esprit et la matière se définit, du point de vue métaphysique, comme l'opposition d'une tension et d'une extension relatives.

Pour Bergson, le monde vit surtout du côté le plus spirituel. Dans la mesure où l'être humain, bien qu'individualisé, incarne l'esprit qui dure à l'état pur, il anime toute la nature comme il peut animer les concepts de sa propre pensée. La personne humaine n'est pas seulement créée, mais créatrice. La philosophie éclaire la voie de l'évolution véritable. Bergson, emporté par cette conviction légitime, semble demander à la philosophie de donner davantage : une ouverture directe sur l'esprit, une sorte de communication avec l'âme du monde. Il affirme que l'intuition philosophique révèle l'absolu de la durée.

Cette attitude appelle une comparaison avec le système que le jeune Soloviev a développé dans « Les principes philosophiques de la connaissance intégrale » et « Critique des principes abstraits » (1). Soloviev conçoit le monde comme un organisme qui se développe, à travers le sentiment, la pensée et la volonté de l'humanité. Les empiristes prennent pour objet le monde extérieur et l'atteignent par la sensation, mais abandonnent le sujet. Les idéalistes considèrent soit le sujet connaissant, soit la connaissance pure : ils réduisent tout au concept et abandonnent l'objet. Il faut donc choisir entre le scepticisme et le dépassement qui mène à la substance véritable. Tout concept a deux aspects : l'empirique et le logique. Kant les déclare indépendants, Hegel détermine l'empirique par le logique et Mill le logique par l'empirique. Ces deux aspects correspondent aux formes de l'existence. Pour les dépasser, il faut développer les idées universelles à l'aide de l'intuition. Tout ce qui existe possède une essence et l'existence, mais toute existence procède de l'infinité divine. Dieu est d'un côté absolu et, de l'autre, il se détermine comme non-absolu. En remontant à Dieu comme créateur, on dépasse les antinomies. Dieu comme créateur est l'être supra-rationnel véritable, la source une et unique de l'existence, la force qui donne l'être. Il est la chose en soi, que toute existence recouvre comme une apparence. Il a besoin de créer cette apparence et de ne faire qu'un avec elle. Il crée donc la matière et, d'abord, les idées ou « première matière ». Soloviev appelle « Dieu-Homme » le double absolu de la substance divine et du devenir humain.

Soloviev et Bergson, dans leur philosophie, attribuent la première place à des éléments dont la nature transcende la Raison. L'un et l'autre restent philosophes. Ils prétendent dépasser le rationnel, mais ne se dispensent pas de le reconnaître, ni de préciser en quoi ils croient pouvoir le transcender.

Si Bergson se fait illusion sur la nature de l'intuition philosophique, les formes de son illusion lui sont personnelles. Il convient

1. Solov'ev (V.), *Filosofskie nàcala cel'nogo znanija* et *Kritika otvlečennych nacal.*

de rappeler ici que Bergson, après avoir défini ses hypothèses, en a cherché des preuves psychophysiologiques. Ce n'est qu'à titre exceptionnel qu'il s'est laissé entraîner sur la voie de la parapsychologie. Cette fantaisie regrettable, devenue la proie des critiques, ne change heureusement rien à la quasi-totalité de son œuvre. Certes, tout lecteur qui conteste la réalité de l'intuition telle que Bergson la décrit suppose que les processus envisagés se déroulent d'une autre manière et que la description bergsonienne appartient à un monde illusoire. Il ne faut cependant pas confondre les niveaux de l'abstraction. Dire qu'une hypothèse philosophique est erronée n'équivaut pas à la qualifier de parapsychologique. La parapsychologie ne commence qu'avec des allégations de faits contraires aux lois de la nature.

Il reste permis de ne pas accepter certains aspects de la philosophie de Bergson que celui-ci considérait comme essentiels. Ces thèses caractérisent sa pensée sans en constituer l'apport le plus réel. Encouragé peut-être par des illusions, Bergson a révisé les problèmes, y compris celui de l'individualité. Là résident les lumières de son œuvre. La révision eût été plus parfaite sans les illusions.

Nombreuses sont les raisons de contester que l'esprit humain atteigne jamais aucune donnée immédiate. Schopenhauer, sans en tirer toutes les conséquences, reconnaît le rôle inexorable de médiation que la matière joue par rapport à l'esprit humain. Il faut, si possible, développer cette affirmation jusqu'à la limite. La perception de représentations ou idées réputées simples, le sens interne, passent par la matière. L'esprit humain ne perçoit, ne pense et ne veut qu'à travers le corps et le monde ambiant. L'objet le plus proche de la conscience humaine est toujours une affection physique. Sous cette forme générale, la thèse proposée ressemble à une induction. Quand bien même celle-ci, comme telle, serait trop hardie, les faits dont elle se réclame n'en constitueraient pas moins autant de raisons de croire une telle conséquence probable.

L'espoir bergsonien de saisir l'immédiat expose en effet au danger déjà relevé des expériences psychiques illusoires, mais aussi à la désaffection envers le psychisme réel humilié par les médiations de la matière. Ainsi s'explique la tendance de Bergson à minimiser le rôle du concept et de la Raison. La théorie de la tension et de l'extension appelle des correctifs de ce point de vue. L'esprit n'est pas, il est vrai, une simple faculté d'unifier. Il n'est pas non plus une simple durée. Sa nature exige qu'il réalise à la fois un changement et un ordre. L'acte humain ne se déduit pas des pensées qui l'éclairent, mais si la Raison l'éclaire, c'est parce que, pour elle, l'identité et la différence, l'ordre et le progrès, le jugement et le développement se complètent. La Raison peut orienter l'esprit dans le sens de la matière. Elle s'applique alors à une réalité discontinue, extériorisée, spatiale. La Raison peut aussi orienter la matière dans le sens de l'esprit. Ainsi, dans la connaissance où intervient la conscience de soi, dans l'acte libre et l'acte moral ou juridique libre, la Raison donne-t-elle à la diversité un ordre qui n'aurait aucun sens sans elle. Appliquée à la matière inerte à des fins techniques ou scientifiques, la Raison définit des équations entre des éléments dont certains sont stables. Appliquée à la vie de l'esprit à des fins de connaissance ou d'action, la Raison maintient un équilibre, non simplement « mobile », mais sans cesse rétabli, entre des éléments changeants dont on dirait, dans la terminologie de l'espace, que tous sont des variables. Ainsi comprend-on mieux que l'unité rationnelle saisisse tour à tour l'hétérogène et l'homogène. En dernière analyse, la Raison, qui va soit dans le sens de la matière, soit dans celui de l'esprit, n'est autre que l'esprit lui-même. La matière est réversible sur le plan de l'extension, mais va toujours dans le sens de l'extension. L'esprit est irréversible en lui-même, mais il rejoint la matière par distension et acquiert, au niveau de l'extension, une sorte de réversibilité artificielle. Celle-ci ne lui sert que dans la mesure où il peut revenir de l'extension à la tension, où il retrouve son dynamisme irréversible. Se détendant et se tendant tour à tour, il possède une double orientation, mais il ne se détache pas de la Raison quand il s'écarte de la matière.

La morale de Bergson, quand elle n'invoque pas des intuitions exceptionnelles, abandonne trop la personne individuelle à la société. Dans l'acte moral, l'intelligence tient les registres de la conscience, mais ce qui s'y inscrit vient de l'élan vital, soit sous une forme très dérivée, soit dans un élan sublime. L'acte moral rétablit toujours l'unité de la vie en amenant l'individu à s'effacer devant un groupe, clos ou ouvert. Il est permis de se demander si la morale a pour but principal de renforcer la cohésion sociale. Elle doit plutôt équilibrer la cohésion et la division. Le groupe est une idée qui exprime à la fois la cohésion et la finalité de cette cohésion, mais il n'existe que par la médiation des individus, de même que ceux-ci doivent tenir compte de l'idée du groupe quand ils agissent. Il est vrai que la conscience individuelle porte en grande partie sur les relations avec autrui, mais ces relations sont différenciées et concernent surtout des personnes distinctes : c'est une exagération d'affirmer que l'enfant qui obéit à son père obéit à « la société ». La conscience personnelle s'affirme d'ailleurs toujours et c'est avec ses progrès que la personne devient non seulement intelligente, mais responsable. Il existe en permanence, dans les rapports de l'individu et de la société, des problèmes moraux et des problèmes juridiques. La morale règle le comportement dans des cas plus ou moins graves, qui font entrer en ligne de compte des personnes réelles. Le Droit positif est établi par l'Etat, institution pourvue de la personnalité juridique, ou par d'autres sources précises.

Si le Droit et la morale ne peuvent se passer de la Raison, non seulement comme d'une forme vide, mais comme d'un principe supérieur de légitimité, c'est que la Raison appartient de plein droit à l'esprit. Le recours à l'habitude comme explication de l'obligation appelle les plus grandes réserves. Il méconnaît la relativité des habitudes : celles-ci ne s'acquièrent ni ne se changent sans des efforts plus ou moins difficiles et prolongés. Il méconnaît aussi le droit et le devoir de se critiquer soi-même, qui oblige à critiquer simultanément les autres. L'habitude, en droit positif, peut devenir la coutume, mais tout le monde n'accepte pas d'ériger celle-ci, comme le fait Spencer, en source primordiale des lois humaines.

Compte tenu de ces critiques, l'étude de l'individualité dans la philosophie de Bergson doit aboutir à un tri. Elle doit tenter de faire la part de l'instructif et de l'excessif dans la révision bergsonienne de ce problème. L'instructif, c'est l'étude de la genèse des formes naturelles ou mentales et de leur évolution. En un sens tout à fait général, on peut dire qu'au lieu de s'en tenir à la forme achevée, Bergson en explique la réification plus ou moins relative par le jeu de mouvements de sens contraires, animés dans le sens de la vie quand l'élan créateur l'emporte. Ces mouvements premiers sont ceux de la tension et de l'extension. La modalité créatrice de leur interaction suppose une sorte de transcription selon Bergson d'abord concrète, ensuite abstraite, de l'esprit dans la diversité matérielle qui comporte une invention. Il s'agit ici d'un processus décrit de façons diverses par divers philosophes de la nature. Schopenhauer parle d'objectivation de la volonté et l'on pourrait retenir le terme d'objectivation pour qualifier le processus. La théorie bergsonienne prise en elle-même et non groupée avec d'autres appelle une terminologie plus variée. En effet Bergson distingue plusieurs directions de la tention et de l'extension. De plus, la création comporte une dispersion, un épuisement, mais elle garde la possibilité de réunifier, de réanimer le monde, par des impulsions plus ou moins tendues et étendues. Le courant créateur passe encore par la personne humaine, que Bergson définit comme une continuité de changement (1).

1. Cf. *Essai sur les données immédiates de la conscience*, Ch. II et III ; *L'évolution créatrice*, p. 1 s. ; Gifford Lectures, Lecture VII, *Mélanges*, p. 1063.

Pour déterminer les caractères propres de la théorie de Bergson par rapport aux autres dans ce domaine, il faut examiner et, le cas échéant, réexaminer l'exposé de l'histoire de la philosophie qui forme le quatrième chapitre de *L'évolution créatrice.*

Bergson y rappelle d'abord que la réalité, matière ou esprit, est un perpétuel devenir, découpé par l'intelligence selon les nécessités de l'action. Pour l'action, le but visé semble seul réel et toute réalité différente inspire un sentiment d'absence.

Dans le passage intitulé « L'existence et le néant », Bergson constate que l'esprit s'interroge sur l'existence comme si c'était elle et non le néant qu'il fallait expliquer : « Ici même, dans le présent travail, quand la matière a été définie par une espèce de descente, cette descente par l'interruption d'une montée, cette montée elle-même par une croissance, quand un Principe de création enfin a été mis au fond des choses, la même question surgit : comment, pourquoi ce principe existe-t-il, plutôt que rien ? » (1). La métaphysique passe ainsi par le néant pour aller à l'être et ne veut pas croire que la durée soit capable d'atteindre ce but. Elle attribue plus de force à des principes logiques immuables, tels que celui de l'identité. Or, qu'est le néant ? Comme image, il ne peut être saisi, car le sujet, que Bergson suppose en vie, se représente toujours quelque image. Comme idée, il ne peut être pensé. La pensée de l'inexistence renferme une contradiction. Le vide n'est que l'absence d'objet déterminé : le sujet pensant qualifie de néant l'absence de l'objet qu'il s'attendait à rencontrer. Toute abolition prétendue se ramène à une substitution. On ne peut tout abolir, car il resterait au moins le temps et l'espace. L'abolition d'un sujet supposé isolé du reste du monde ne se conçoit pas davantage. Toute représentation attribue une réalité à l'objet. Se le représenter inexistant signifie ajouter à son idée celle de son exclusion par l'ensemble de la réalité. Le néant ne peut non plus s'expliquer comme l'effet d'une opération de négation logique. L'affirmation, selon Bergson, est un acte complet. La négation n'est que la moitié d'un acte, dont on remet l'achèvement à plus tard. Nier consiste à écarter une affirmation possible, comme Kant l'a lui-même reconnu. J'ai vu qu'une table était noire. Je n'ai pas vu qu'elle n'était pas blanche, mais je peux écarter le jugement qui la déclarerait telle et laisser indéterminé celui qu'il faudrait prononcer à la place. Une même démarche constitue les jugements négatifs existentiels. La simple désignation de l'objet A lui attribue au moins l'existence du possible. La négation de l'objet A exclut sa possibilité de la réalité. Le langage donne

1. *L'évolution créatrice*, p. 275.

l'apparence trompeuse d'une symétrie entre l'affirmation et la négation. En réalité, le jugement « le sol n'est pas humide » exclut l'attente de l'humidité et indique qu'elle est remplacée par une qualité « x ». En revanche, le jugement « le sol est sec » a un contenu positif. Il en va de même des idées de Tout et de Rien : « Si maintenant nous analysons cette idée de Rien, nous trouvons qu'elle est, au fond, l'idée de Tout, avec, en plus, un mouvement de l'esprit qui saute indéfiniment d'une chose à une autre... » (1). La réalité peut donc à la fois se suffire à elle-même et durer (2).

Dans le passage intitulé « Le devenir et la forme », Bergson reprend l'étude empirique de l'abstraction des formes et des idées. Ce sont des constantes relatives, dégagées du flux de la réalité. La perception solidifie le flux du réel et distingue des qualités, dont elle rapporte le changement à une image moyenne. Les actes se fixent soit en positions, soit en intentions. Si les qualités, les formes, les actes sont les catégories de pensée qu'exprime le langage empirique, tels sont aussi les trois sens de l'idée platonicienne ou aristotélicienne. Ici, Bergson définit les formes de la philosophie grecque comme des abstractions que l'on conçoit comme absolues parce qu'immuables. La matière n'est qu'un néant qui, privant les formes de leur caractère absolu, permet de les reproduire dans le temps et l'espace. Si les idées immuables sont tout, le changement n'en sort que par une diminution, en leur accolant un « zéro métaphysique » : « l'Idée immobile et simple se réfracte en un mouvement indéfiniment propagé » (3).

A ce stade, Bergson analyse le passage des Idées de Platon pourvues d'une existence indépendante au Dieu d'Aristote, conçu comme l'unification de toutes les idées. Les Idées platoniciennes étaient chacune absolue et immuable, mais formaient ensemble une pluralité. Aristote les comprima et fit de leur ensemble la Pensée de la Pensée. A ce titre, le moteur immobile et unique du monde contenait les idées. S'il se réfractait, il pouvait les déverser. L'esprit humain possédait un pouvoir comparable : l'intellect agent déversait les pensées, comme la lumière faisait passer les couleurs de la puissance à l'acte.

Autrement dit, Bergson dégage deux courants d'explication. Tous deux, selon lui, pêchent par conceptualisme. Le premier attribue la signification intelligible à la forme conceptuelle et l'existence à la matière susceptible de recevoir l'empreinte de formes diverses. Le second attribue l'origine du monde à un principe unificateur immobile et celle de la pensée humaine à un principe unificateur actif, mais

1. *Ibid.*, p. 295. 2. *Ibid.*, p. 299. 3. *Ibid.*, p. 316.

il extrait ensuite de l'unité première une diversité de significations conceptuelles. Le premier courant correspond à la théorie de la cause formelle et de la cause matérielle. Le second peut être envisagé comme une première variante de la théorie de l'objectivation. Bergson le distingue sans aucun doute à ce titre, mais souligne qu'il s'agit d'une explication illusoire. L'unité suprême dont procède la diversité résulte de l'assemblage préalable de cette même diversité. L'unité de concepts assemblés ne possède elle-même qu'une réalité conceptuelle.

A partir de là, Bergson entreprend de démontrer que les modernes se sont servis du même Dieu conceptuel pour unifier, non plus les idées, mais les lois de la science moderne. Au lieu d'une hiérarchie fondée sur les degrés de participation aux idées, ou de forme, ils ont établi la science du mouvement total. Capables de déterminer n'importe quelle position et non seulement les positions moyennes, ils auraient dû reconnaître le rôle essentiel du changement. Ils ne l'ont pas fait. Descartes superposa au mécanisme universel une liberté spirituelle adossée à Dieu. Spinoza et Leibniz opposèrent le système quantitatif des corps au système qualitatif des âmes. Spnioza fit des deux systèmes des attributs parallèles d'une substance unique. Leibniz découpa le monde en monades, ou points de vue sur Dieu, qui communiquaient par la matière.

C'est là que Bergson explique comment Kant réagit contre le dogmatisme antérieur. Kant réaffirma la fonction unificatrice de l'entendement comme un début de divinité formelle. Pour lui, la matière de la connaissance était donnée dans l'intuition sensible. Il aurait pu fonder la métaphysique sur une intuition supra-intellectuelle de sens contraire. Une continuité se serait établie entre les deux intuitions : celle, sensible, de l'absolu des corps et celle, supra-intellectuelle, de l'absolu de l'esprit. Kant appliqua les critères des sciences des corps à la connaissance de l'esprit et laissa passer l'occasion de saisir la durée.

C'est là qu'arrivé aux post-kantiens Bergson présente leur tentative de dépassement de la critique kantienne comme une retombée dans le dogmatisme : tous firent appel à une intuition supra-intellectuelle, mais intemporelle. Leur méthode ressemble à celle de Spinoza. Un Etre global constitue le principe d'un devenir conceptuel qui ne se distingue en rien d'une déduction.

Bergson qualifie d'Etre global la catégorie suprême de chacun des post-kantiens, tout en laissant deviner qu'elle convient éminemment au « sujet-objet » de Schelling et aussi à celui de Fichte. En réalité le sujet-objet de Schelling procède d'une double activité du Moi, dont chaque aspect, au repos, existe à l'état de force.

Le Moi s'engage alternativement dans deux orientations contraires : il s'étend, puis il revient en lui-même. Le déséquilibre inhérent à cette dualité sert de moteur à l'activité. Le Moi, divisé parce qu'il est fini, réalise, en agissant, la production dialectique : à partir d'une activité d'abord mécanique, il développe le monde dont il devient conscient. Ainsi, même comme philosophe de l'esprit, Schelling donne-t-il une signification naturaliste à sa dialectique. Fichte, dont elle s'inspire, décrivait déjà la double activité centrifuge et centripète du Moi. Schelling, au niveau du monde organisé, oppose les deux mouvements comme l'extension et l'intensité données dans le sens externe et le sens interne. L'extension de Schelling est déjà presque celle de Bergson. L'intensité de Schelling s'apparente seulement à la tension de Bergson. Le Moi initial de l'idéalisme transcendantal doit bien inclure les deux activités de quelque manière, mais il l'ignore. C'est à force de revenir du monde extérieur en lui-même que le Moi découvre sa propre continuité. A ce stade l'intensité, ou orientation vers le dedans, équivaut à une tension au sens de force de cohésion intérieure. Cependant Bergson conçoit la tension comme la manière d'être d'un esprit qui dure et change comme esprit. Pour lui, au lieu de changer parce qu'il est deux, l'esprit est un et cependant change. Si l'esprit ne changeait pas dès avant de s'extérioriser, il ne s'étendrait jamais, car il ne porterait en lui aucune richesse susceptible de remplir l'extension.

A la fin de ses remarques critiques, Bergson évoque, sans les nommer, deux autres successeurs de Kant, unis en une seule phrase. Leur philosophie reste, au fond, mécaniste : « car si, dans la considération de la matière, elle remplace les degrés successifs de complication, que supposait le mécanisme, par des degrés de réalisation d'une Idée ou par des degrés d'objectivation d'une Volonté, elle parle encore de degrés, et ces degrés sont ceux d'une échelle que l'être parcourrait dans un sens unique » (1).

On peut tenter une paraphrase des objections laconiques adressées par Bergson à Hegel. L'idée de néant, qui prétend conférer un sens absolu à la négation, repose sur une illusion. Le devenir ne peut donc procéder du déséquilibre introduit dans l'être par le néant, pas plus que de l'instabilité introduite dans l'unité du concept par la matière. La dialectique hégélienne n'exprime ni le devenir réel, ni l'esprit. Fondée sur un essai d'intuition atemporelle, elle édifie un système de concepts qui laisse échapper l'intuition réelle. Tentant ainsi d'emmurer l'esprit, elle s'emmure elle-même. Elle abuse de la médiation par la matière, dont elle s'est condamnée d'avance

1. *Ibid.*, p. 361.

à ne jamais sortir. Elle établit un mécanisme déguisé en une hiérarchie de concepts, pour aboutir à l'Idée qui s'apparente à un Etre global et se réduit en fait à la forme de l'unité de tous les concepts. Ce système cumule les défauts des anciens et des modernes.

La similitude des critiques adressées par Bergson à Schopenhauer semble méconnaître les grandes différences qui séparent les vues de celui-ci du système de Hegel. Pour paraphraser les objections de Bergson, il faut inventer davantage. La Volonté de Schopenhauer s'apparente à un Etre global, mais si elle est aveugle, on ne comprend ni qu'elle crée le monde, ni qu'elle s'objective en Idées. Si l'on admet que les choses se passent ainsi, cette objectivation première restaure le système des Idées de Platon, au moins au second degré. Schopenhauer conçoit l'objectivation de l'esprit, mais à travers les idées et il se contente donc de remplacer le Premier Moteur et l'intellect agent d'Aristote par la Volonté. Il inclut en elle les Idées avant de les en déverser dans le monde des phénomènes selon les lois d'une causalité mécaniste. S'il réserve, à côté de l'intuition sensible, une contemplation intuitive des Idées, il n'ouvre ainsi qu'une vue sur l'immobilité conceptuelle. Ici encore, le mécanisme organisé en une hiérarchie de concepts cumule les défants des anciens et des modernes.

Après ces paraphrases hypothétiques, il semble utile de rappeler que Bergson tient pour acquises sa critique du concept et celle de l'idée de néant. Or, les objections qu'il oppose à Hegel perdent beaucoup de leur poids si l'on admet qu'au contraire tout concept exprime le réel et cela d'autant plus que ce qu'il n'exprime pas est un néant. Toute réalité finie est et n'est pas. La finitude déterminée, donc incomplète, porte en elle l'instabilité. Incluse dans un monde de finitude avec d'autres, toute individualité déterminée cède au mouvement du devenir. La négation oppose, il est vrai, dans l'esprit l'idée d'une possibilité à la réalité. La pensée se meut parmi des représentations. Celles-ci, vraies ou fausses, conçues comme réelles ou simplement possibles, n'existent jamais que dans l'esprit. La négation pensée n'en prend pas moins pour modèle la négation qui se réalise dans les faits. Les sentiments d'attente ou de déception qui peuvent accompagner un jugement négatif restent sans effet sur sa nature logique. Les exemples choisis par Bergson soulignent à juste titre que la contrariété reconnue entre des qualités correspond à des relations très diverses. Elle ne définit pas toujours les pôles symétriques et opposés de variations quantitatives. Si l'absence d'eau mêlée à un autre corps s'appelle le sec et la présence d'eau humide, tout corps est sec ou humide. Or, d'une part, ces qualités sont relatives, d'autre part, selon le langage courant, le sec ressemble plus à un absolu, tandis que l'humide admet des degrés très perceptibles. La contrariété n'est cependant qu'un cas de la négation. La contradiction qui résulte du remplacement d'une détermination par une autre suffit à modifier la réalité ou sa représentation. Le passage logique d'une détermination à une autre peut s'articuler en plusieurs jugements : d'abord le jugement négatif, puis un jugement infini, ou indéfini, qui affirme la réalité d'un autre prédicat encore indéterminé, enfin le jugement positif qui affirme le nouveau prédicat réel. Les substantifs, sujets des jugements qui portent sur des prédicats, peuvent aussi devenir sujets de jugements d'existence. Une chose est ou n'est pas, par rapport à un système de référence déterminé. De même, les actes et états exprimés par les verbes sont ou ne sont pas dans les limites d'un système déterminé. L'abstention peut servir d'objet principal à une interdiction exprimée par l'impératif. Si l'on passe de la négation au néant, le problème reste le même, à condition de commencer par l'idée d'un néant relatif. Il est vrai qu'aucun être humain n'a l'intuition du néant, mais chacun sait ce que signifie la disparition d'un individu. L'individu qui disparaît n'est plus dans le monde et le monde n'est plus pour lui : il laisse un néant relatif à ce qu'il était. Une île engloutie, un arbre déraciné et brûlé, les mots d'une langue oubliée de tous ont été, mais ne sont plus : leur sort peut s'exprimer par une négation définitive.

La détermination se fixe par la médiation de la matière. La signification du monde ne se dégage pas directement de l'individualité matérielle qui la fixe pour l'esprit, c'est-à-dire du mot, mais de l'animation des mots par l'acte de la pensée traduite en paroles. Elle se dégage des concepts et de leur application. L'expérience sensible ne cède la place ni à l'illusion d'une dialectique qui tourne à vide, ni à une intuition transcendante de nature différente, mais à l'expérience humaine des problèmes spirituels et des limites de la connaissance. Il n'est pas absolument exact que la pensée devienne alors, selon la formule de Bergson, plus symbolique. Elle devient plus dérivée. L'intuition abstraite, au sens d'une activité consciente qui anime les signes du langage, porte tour à tour sur des ensembles consolidés d'expérience, ou concepts, et sur leur animation aux fins de chaque série de pensées concrètement exprimée. Autrement dit, l'ombre de la matérialité du langage se projette sur la pensée même. Là où la pensée ne s'explique pas par la matière, elle ressemble encore à la structure profonde de la matière, que la matérialité comme telle n'explique d'ailleurs pas.

Hegel retient avec moins de regrets que Bergson, des changements du monde, les formes naturelles et spirituelles achevées, bien qu'il en conçoive la relativité par rapport à l'esprit vivant et les rapporte à l'Idée unificatrice. Pour lui le devenir, au sens philosophique, passe d'une phase rationnelle à une autre. Les phases, comme leur succession, procèdent d'une nécessité interne, sans que le développement, même prévu par la providence divine, soit donné d'avance. Hegel s'efforce de définir, sinon la finalité rationnelle du monde, du moins les articulations logiques de son devenir formel, associées à des significations concrètes souvent bien choisies. La réalité idéelle des déterminations, dont le néant complémentaire est la contrepartie, apporte un correctif redoutable à ce formalisme. La négation est une épreuve imposée au réel.

La nature de cette épreuve appellerait des éclaircissements. Quand l'Idée, qui procède peut-être de Dieu, se retrouve et se trouve elle-même dans le monde, Hegel affronte la tentation de chercher une analogie de la nature absolue de l'Idée dans certains grands ensembles conceptuels, l'esprit d'un peuple entier, l'Etat, la philosophie, et d'abandonner tout le reste à l'irrationnel, donc à l'irréel. Ainsi l'observation de la nature est-elle déjà la Raison, mais non encore l'esprit. Les éléments inertes s'opposent entre eux. L'organique s'oppose à eux comme un tout unifié suivant le principe d'une finalité initiale qui se maintient dans la conscience et l'activité. L'externe exprime l'interne, la forme organique le principe qui l'anime (1). Les systèmes divers qui constituent l'organisme sont mouvants. La forme demeure, unissant l'être pour soi de la vie au monde extérieur. L'individu vivant affirme une liberté simple, celle du courant de la vie totale, qui anime les roues individuelles. L'unité interne universelle est l'espèce. Celle-ci n'agit pas elle-même comme une conscience, mais, sous sa forme externe, par les individus. La Raison ne retient que la vie en général. Les espèces ne portent pas en elles, comme telles, le mouvement de la vie, à la différence des configurations de la conscience qui portent en elles celui de l'esprit. La nature organique n'a pas d'histoire. La totalité y existe, mais non pour soi. La Raison peut s'y vouloir souveraine, la science d'un tel objet se réduit à des opinions. Cette théorie de Hegel semble critiquer la philosophie de la nature de Schelling et J. Hyppolite, en le soulignant, ajoute que la critique s'adresserait aussi à Bergson : « La Phénoménologie de l'esprit pouvait seule être décrite et non pas une Phénoménologie de la vie qui n'aboutirait qu'à des différences indifférentes. Ce que condamne Hegel, c'est déjà une philosophie de la vie comme sera plus tard celle de Bergson dans l'*Evolution créatrice* » (2).

1. Cf. Hegel (GW), *Phänomenologie des Geistes,* (C) (AA) VAa, ed. Meiner, p. 199.

2. Hyppolite (J.), *Genèse et structure de la Phénoménologie de l'esprit de Hegel,* p. 246.

Hegel veut soustraire la rationalité de l'esprit à l'empire des relations naturelles qui lui servent de support concret. Quand l'Idée se retrouve et se trouve dans le monde, elle dégage du concret total l'universel avec sa réalisation dans la partie correspondante et, à ce titre, réelle du concret : or, au stade de la nature, Hegel dénie l'universalité véritable aux différences organiques, bien qu'historiquement celles-ci comptent parmi les origines principales de la notion abstraite. Selon Hegel, antérieures à la conscience rationnelle, ces différences restent contingentes. Leur aspect quantitatif détourne des oppositions qualitatives essentielles au concept. Connues par induction ou analogie, elles restent au mieux probables. Philosopher sur ce plan, affirme Hegel, c'est de l'enfantillage.

Deux questions se posent. Premièrement, la critique hégélienne s'applique-t-elle à Bergson, pour qui la philosophie de la nature et celle de l'esprit ne se croisent pas, comme pour Schelling ? La réponse réside sans doute dans l'opposition entre conscience intellectuelle et conscience intuitive. Comme le développement dialectique, l'évolution créatrice progresse vers une connaissance plus parfaite. Cependant, la Raison apparaît plus tard que la conscience. Deuxièmement la critique dont il s'agit se justifie-t-elle ? A cet égard, il est permis d'affirmer et Hegel reconnaît que, dans le monde, la connaissance commence comme un fait naturel. Il faut tenir compte de tous les aspects du problème. Par leur aspect matériel, les faits organiques obéissent à des exigences plus strictes que les faits humains. Inversement, par leur aspect de rationalité relative, les sciences naturelles annoncent les sciences politiques et morales.

La philosophie de Schopenhauer est à première vue plus accessible que celle de Hegel. Schopenhauer observe le monde suivant les contours de la pensée ordinaire. En profondeur, cette philosophie apparaît plus étrange, se plaît à réaliser des synthèses habiles de doctrines et cède au désir didactique de tout expliquer. La volonté aveugle s'objective dans la hiérarchie des idées : au niveau inférieur les forces de la matière, au dessus les formes organiques, distinctes d'un agencement des forces, au sommet l'individualité consciente, qui s'épanouit en l'homme. Le phénomène, la vie reflètent la volonté qui s'objective et la suivent comme l'ombre accompagne le corps. Il semble qu'à la lettre la volonté aveugle de Schopenhauer développe des conceptions de ses prédécesseurs. Kant qualifie d'aveugle l'appréhension synthétique initiale des données sensibles : l'esprit les unifie avant que n'apparaisse l'image (1). Schelling, selon Schopenhauer un hâbleur, explique que, dans l'intuition sensible, le Moi agit en aveugle et ne peut être conscient à la fois de l'objet et de lui-même. Par l'intuition du monde extérieur plus ou moins organisé, le sujet s'absorbe dans l'objet. L'acte instinctif participe de la nature de la perception : le sujet, absorbé dans l'objet, veut rétablir le monde extérieur tel qu'il devrait être. Par l'acte volontaire, le sujet se détermine librement à l'intérieur de lui-même en choisissant l'instinct qui réalisera l'acte à l'extérieur. Par rapport au monde extérieur, la volonté reste aveugle (2). Schopenhauer prend à son compte le libre choix du caractère : la liberté morale consiste à choisir l'Idée caractérielle qui, réalisée psychologiquement, devient la cause efficiente des actes (3).

Cette théorie de l'objectivation, Bergson l'a rencontrée chez Schopenhauer sur les deux plans : la genèse des organismes et l'activité humaine. Il développe sa propre théorie en commençant par l'activité libre avant d'aborder l'organisme qui rend celle-ci possible. Il fait porter ses recherches sur ce qui l'oppose le plus à Schopenhauer. Il ne nie pas la participation de la volonté à l'esprit : il étudie les fondements philosophiques de la liberté, attribut essentiel de l'acte volontaire. La volonté libre ne peut être que consciente et spirituelle. La volonté n'est jamais aveugle et la matière n'est pas volonté (4). D'autre part, la conscience libre ne s'extériorise pas d'abord en idées. Elle crée la nature vivante en s'écoulant à travers le courant inverse de la matière, qui tend à l'immobiliser. L'être vivant n'est pas un véritable objet. Les comparaisons utilisées pour décrire la création suggèrent des interprétations de la matière. Cependant, Bergson ne lie sa philosophie à aucune solution définitive de ce problème. Il retient l'idée d'une matière mobile, mais susceptible de se manifester sous des aspects différents selon le découpage

1. Cf. Kant (I.), *Kritik der reinen Vernunft*, Elementarlehre II, « Von den reinen Verstandesbegriffen oder Kategorien », « Die Synthesis uberhaupt ist... Die blosse Wirkung der Einbildungskraft, einer blinden obgleich unentbehrlichen Funktion der Seele » (La synthèse en général est le simple effet de l'imagination, c'est-à-dire d'une fonction aveugle, mais indispensable de l'âme).

2. Cf. Schelling (FWJ), *System des transzendentalen Idealismus*, IV, E, II, « Die objektive... (im Wollen mitbegriffene Tätigkeit wird... dem Ich... nur dadurch objektiv), dass sie ihm als eine auf ein Aüsseres und zwar blindlings (denn nur insorfern ist sie anschauend) gerichtete Tätigkeit objektiv wird » (L'activité objective incluse dans la volonté ne devient objective pour le moi qu'en le devenant comme une activité orientée, d'ailleurs aveuglément (ce n'est qu'aveugle qu'elle perçoit), vers un objet extérieur.

3. Cf. Schopenhauer (A.), *Die Welt als Wille und Vorstellung, Zweites Buch*, par. 28 ; *Viertes Buch*, par. 55.

4. Cf. *La pensée et le mouvant*, p. 49.

opéré. Les ralentissements saccadés de l'élan spirituel suscitent l'opposition de deux forces. Dans la mesure où ces deux forces contraires sont égales, elles se neutralisent. Il en résulte une immobilité : la chose. Neutralisation précaire, la chose est relative et, de sa relativité, Bergson semble parfois conclure à son irréalité. Or, même si la chose s'insère dans un ensemble plus vaste et se résout en atomes dont chacun ressemble aux tourbillonnements de corpuscules, sa cohésion n'en est pas moins véritable. La chose ne subsiste qu'autant qu'elle reste compatible avec les rapports de force du dedans et du dehors. D'un point de vue métaphysique, il faudrait dire que la constitution des organismes est canalisation en son principe et objectivation par son effet. Au stade de l'organisme constitué, Bergson peut étudier la conscience. Devenue vie des organismes, elle appréhende le monde intuitivement. L'action instinctive et l'action habituelle se contentent de peu de représentation. L'action intelligente s'éclaire par l'intuition sensible, l'ordonne et l'interprète à l'aide de concepts abstraits. D'une part l'esprit humain s'extériorise, se réfracte, se subdivise, se juxtapose et agit alors comme l'élan créateur qui se canalise à travers l'organisme. D'autre part il objective le nombre, solidifie les choses et fabrique des objets réels ou représentés. L'extériorisation passe de l'interne à l'externe, la fabrication d'un externe à un autre. Dans les deux cas, cependant, l'initiative provient de l'esprit et s'accomplit à travers la matière. A l'opposition entre extériorisation et fabrication semble donc correspondre une diversité de relations plus ou moins directes. L'esprit canalisé dans l'organisme, ou objectivation des obstacles qu'il a dû franchir, en débouche pour s'extérioriser par des actes qui nécessitent plus ou moins d'objectivation et de fabrication. Tout au long de l'opération, décrite dans l'espace, Bergson définit comme tension l'esprit agissant. Il aboutit ainsi à un autre problème, celui des rapports entre l'esprit organisateur et l'esprit canalisé. Une fois encore, il rencontre Schopenhauer.

Schopenhauer semble exprimer déjà le point de vue de Bergson en ce qui concerne la place de la personne humaine dans la totalité du monde. Schopenhauer de toute manière et Bergson au stade actuel de l'évolution acceptent la primauté du monde total et la précarité de la personne. Il n'y a pas de mort en un sens transcendant, affirme Schopenhauer. Quand nous disparaissons, le tout de la nature demeure. La volonté, objectivée dans l'idée, assure le présent perpétuel de l'espèce, par exemple la « leonitas », tandis que les individus s'écoulent comme les gouttes d'eau d'une cascade (1). La volonté unique

1. Cf. Schopenhauer (A.), *Die Welt als Wille und Vorstellung, Ergänzungen zum vierten Buch,* Ch. 41, « Ueber den Tod und sein Verhältnis zur Unzerstörbarkeit unsers Wesens an sich » (De la mort et de ses rapports avec l'indestructibilité de notre être en soi).

demeure toujours. Bergson affirme aussi que le tout ne cesse jamais. Là réside le sens de l'analyse de la négation et de l'idée de néant : qu'importe la disparition d'un aspect du monde ?

La question de l'immortalité de l'âme et celle de l'existence de Dieu sont distinctes. Malgré son importance moindre, la première peut intéresser l'humanité de façon plus dramatique. La littérature ici rejoint la philosophie. Thomas Mann, dans *Buddenbrooks,* décrit l'inquiétude de Thomas de ce nom devant les fins dernières (1). Buddenbrook, dans le pavillon du jardin de sa maison de maître, lit le volume, acheté « depuis longtemps » (2), de la deuxième partie d'un système métaphysique célèbre. Arrivé au chapitre sur la mort, il commence par s'enthousiasmer. Qu'importe l'individualité de l'être vivant ? Mieux vaut que la volonté plane librement dans la nuit hors de l'espace et du temps. Deux semaines plus tard, Buddenbrook renonce à son enthousiasme et cherche refuge dans les espérances religieuses. Thomas Mann revient à la métaphysique dans *La montagne magique.* Il déclare étudier le temps. Hans Castorp se demande lequel l'emporte, de l'espace ou du temps (3). Le temps est changement, mais le mouvement circulaire qui le mesure paraît le rendre immobile. L'espace et le temps peuvent-ils être infinis ? Dans l'ambiance pénible du sanatorium, dont il ne flatte pas les mauvaises habitudes, Thomas Mann cherche du moins la vérité sans l'abandonner pour les échappatoires d'une esthétique formelle. Deux de ses personnages discutent avec acharnement notamment de l'existence de Dieu : le Franc-maçon Settembrini et le Jésuite Naphta. Si Settembrini incarne une attitude assez typique, Naphta unit en lui des éléments disparates. Soi disant formé à l'école hégélienne, il prêche des idées confuses et extrêmes. Pour finir, la dichotomie des interlocuteurs se change en double frénésie. Le problème de l'existence de Dieu les intéressait-il clairement ? Ne s'inquiétaient-ils pas surtout, comme Buddenbrook, de leurs propres fins dernières ?

Pris en lui-même, le problème de l'existence de Dieu consiste à déterminer, autant que possible, l'idée humaine d'un être infini dont viendrait le monde fini et à chercher si cette idée exprime la réalité. Dans les *Premiers principes,* Spencer désigne Dieu comme l'Inconnaissable, car on ne peut concevoir un être qui existe de lui-même, ni qui ne se crée lui-même (4). Selon lui, l'idée de Dieu n'en renferme pas moins quelque vérité. Si la philosophie le reconnaît,

1. Cf. Mann (Th.), Buddenbrooks, X, 5.
2. L'expression « vor Jahr und Tag » rappelle Peter Schlemihl de Chamisso.
3. Cf. Mann (Th.), *Der Zauberberg,* Ch. 6, « Veränderungen ».
4. Cf. Spencer (H.), *First Principles,* p. 5 et 12.

elle favorise la « pensée universelle », qui correspond à « l'universalité croissante des sentiments ». Cette conception, qui, unit l'idée générale au sentiment général, va à l'encontre de la pensée de Bergson. De fait, Bergson écarte l'idée de Dieu.

Il faut cependant se garder de passer, par mégarde, de la définition de l'idée humaine de Dieu à la définition de Dieu comme idée. Du point de vue philosophique, le Déisme se fonde avant tout sur la valeur explicative de l'idée humaine d'un être infini. L'histoire approfondie de cette idée dépasse le cadre du présent travail. Certains de ses promoteurs insistent sur l'être, d'autres sur l'infini. La réalité de tout être, sa portée ontologique, n'a d'autre ampleur que ce qu'il est, bien que tout ce qui est soit. Les métaphysiciens chrétiens du Moyen-Age concevaient le Dieu dont ils parlaient soit comme indicible, soit comme infini (1). Ils ne pouvaient cependant le définir que comme infini. Thomas d'Aquin déclare que toute finitude provient soit, pour la matière, de la forme soit, pour la forme, de la matière. La matière peut recevoir beaucoup de formes et, dans la matière, la forme devient celle d'une chose déterminée. La matière infinie, ou plutôt indéfinie, donc informe, n'en est que moins parfaite. La forme au contraire ne pourrait être que contractée par la matière et l'infinité constitue sa perfection. Or, affirme Thomas d'Aquin, ce qu'il existe de plus formel est l'être même. Dieu se définit comme cet être subsistant par lui-même (2). Il est un acte pur, antérieur à toute autre forme et à toute disponibilité de la matière. Thomas d'Aquin ajoute que Dieu inclut les Idées. Nicolas de Cuse conçoit Dieu comme un infini ontologique qualitatif, pourvu du même genre de perfection que l'Idée platonicienne, et qui crée la finitude par voie de contradiction (3). Ces philosophes théologiens chrétiens doivent affronter des problèmes relatifs aux rapports entre la philosophie et le christianisme. Rien ne semble plus insondable que l'incertitude avec laquelle ils hésitent entre l'espoir et l'inquiétude s'il s'agit de diviniser une interprétation du Logos.

Spinoza, panthéiste, conçoit Dieu comme la substance une et infinie. A travers la pensée et l'étendue, attributs parallèles, le monde fini se trouve inclus dans l'infini comme un système de déterminations négatives. Celles-ci retiennent certains aspects limités de l'infini en niant le reste. La nature naturante crée la nature naturée.

1. Sur l'ensemble de cette question, cf. Gilson (Etienne), *Jean Duns Scot. Introduction à ses positions fondamentales*, Paris, 1952.

2. Cf. Thomas d'Aquin, Summa Theologica, I, Q VII, Art. 1.

3. Cf. Gilson (Etienne), *History of Christian Philosophy in the Middle Ages*, p. 524.

Spinoza sert de premier modèle à Fichte et, après lui, à Schellig et à Hegel. Le monde fini résulte d'un travail négatif. Cependant, Fichte part d'un sujet pensant qui pose ses déterminations. Hegel semble situer l'infini lui-même au-delà de la distinction entre sujet et objet, mais l'esprit du monde se développe comme l'opposition du sujet et de l'objet. Hegel qualifie d'indifférentes les déterminations spinozistes, appliquées à un sujet et à un objet parallèles : ce sont des abstractions dépourvues de nécessité rationnelle.

Fichte, Schelling et Hegel veulent restaurer le contenu métaphysique des idées, qualifié par Kant d'apparence et non de manifestation. A cette fin, ils se fondent sur l'idée d'Absolu. Qu'entendent-ils par là ? L'Absolu philosophique varie. Il peut être l'infini. Il peut être l'infini créateur dans l'acte premier de la création. Il peut aussi désigner le fini pris en sa qualité la plus haute, soit qu'il la reçoive de l'infini si celui-ci existe, soit qu'il la possède en l'absence de tout infini. Pour Fichte, Schelling et Hegel, l'Absolu se définit probablement comme un infini créateur virtuel saisi dans l'acte premier de la création. La réduction de l'infini au fini commence en un Dieu virtuel, se manifeste par l'opposition du sujet et de l'objet et se réalise dans le monde. La Raison rétablit soit une communication, soit du moins un simple contact avec l'Absolu. L'Absolu de Fichte, de Schelling et de Hegel, virtuellement Dieu et déjà monde, suggère une analogie métaphysique et rationnelle de la différence spécifique du christianisme par rapport au déisme. Les trois philosophes diffèrent par la façon dont ils envisagent les phases de l'opération.

Hegel conçoit l'Idée absolue comme l'identité qui entraîne la diversité créée. En tant qu'elle procède de l'infini virtuel, elle est création du monde. En tant que l'esprit l'atteint dans le monde, il entre en contact avec l'Absolu. Il est l'Absolu, mais ne se connaît comme tel que par ce contact. On peut évoquer Aristote, qui divinise la connaissance formelle, tandis que, selon certains de ses interprètes, Dieu agit en l'homme par l'intellect. Hegel, cependant, n'attribue à l'Idée et ne pense rencontrer en elle que l'infini créateur et non l'infini pur. Du côté de l'Idée absolue, le dépassement dialectique de la contradiction ne tient pas à l'infinité virtuelle dont provient le contenu positif des déterminations, mais à l'origine infinie du mouvement. Du côté de l'entendement humain, la dialectique prouve la finitude de l'esprit créé. La Raison, comme esprit, accède avec peine à des idées : celles de la vie, de la connaissance, de l'esprit lui-même, du vrai, du bien, qui se réalisent dans le monde. L'homme, par les idées, touche à l'Idée peut-être encore divine.

Schopenhauer n'envisage pas la réduction d'un infini virtuel au fini sous l'aspect d'un acte premier de l'infini. Si réduction il y a, de quelque manière qu'elle commence, elle finit mal. Elle s'accomplit quand la finitude existe. Or la finitude ne saurait, par la Raison seule, rétablir une communication, ni même un contact avec l'infini. Le monde fini devient le rival impuissant de l'infini. Ontologiquement parasitaire, incapable de se suffire à lui-même, il ne peut que se soumettre ou se damner. Schopenhauer réclame, au delà de la compassion, l'anéantissement de la volonté de vivre. Le système, évoquant Jakob Boehm dans une perspective différente, semble se fonder sur une interprétation tacite et moins riche en précisions fabuleuses des problèmes de théologie naturelle discutés par Schelling dans son livre de 1809 sur l'essence de la liberté humaine. Il semble supposer le drame initial d'un paradis perdu. Créé pour contempler sans fin l'infinité divine à la faveur d'une création indéfiniment continuée, Satan se lasse du paradis. Il veut exister par lui-même. Jéhovah le rejette dans les « ténèbres extérieures » (1). Satan ne garde plus de l'être que sa propre volonté aveugle. Celle-ci cherche à retrouver la lumière et ne le peut. Elle s'objective en Idées, qui n'existent pas. Elle fabrique donc l'illusion d'un monde pour les réaliser avec la seule chose qu'elle possède : l'extériorité. Elle s'objective, à travers les Idées, en phénomènes qui ne se définissent jamais que comme l'extérieur de quelque chose. Ce monde, en réalité, n'est rien. La personne humaine, consciente par prodige au nom de Satan son auteur prochain, retrouve l'ombre des Idées que Satan voyait en Dieu et qu'il projette dans le néant. Schopenhauer affirme : « Oui, le monde est l'enfer et les être humains y sont, d'une part, les âmes tourmentées, d'autre part, les diables » (2). Cependant, par scepticisme ou par zèle diabolique, il conclut que Satan et Jéhovah sont dérivés d'Ahriman et d'Ormuzd (3).

Bergson donne le nom d'Absolu à l'esprit qui dure. Il présente la durée, à l'origine, comme le premier élan créateur du monde. Il s'abstient de préciser si un Dieu a donné l'impulsion et si, en ce cas, l'élan initial est encore Dieu, ou déjà le monde, ou les deux. Il s'abstient de décider si la durée du monde accomplit l'unité parfaite,

1. L'enfer est ainsi désigné dans Matthieu 8, 12 ; 22, 13 ; 25, 30. Il s'agit d'un point controversé. Thomas d'Aquin entreprend d'établir que l'intellect des démons n'est pas obscurci par la privation de la connaissance de toute vérité. Cf. *Summa Theologica,* I, Q LXIV, Art. 1.

2.. Schopenhauer (A.), *Parerga und Paralipomena,* Ch. XI, « Nachträge zur Lehre vom Leiden der Welt », par. 157 : « Die Welt ist eben die Hölle, und die Menschen sind einerseits die gequälten Seelen und andererseits die Teufel darin ».

25. *Ibid.,* Ch. XV, par. 178.

ou transcende l'unité même : « qui sait si le monde est effectivement un ? » (1). Bergson croit possible que le monde procède de Dieu et parvienne à communiquer avec lui. Dans *Les deux sources,* il oppose à l'idée de Dieu la possibilité d'un Dieu concret, donné dans l'intuition mystique. Le mystique, dont l'expérience vivante reste indifférente à toutes les déterminations négatives, apporte de vraies lumières : « C'est donc sur la nature de Dieu, immédiatement saisie dans ce qu'elle a de positif, je veux dire de perceptible aux yeux de l'âme, que le philosophe devra l'interroger » (2). Bergson esquisse une théorie mystique de la nature divine. Dieu est amour et mieux vaut éviter de le définir comme l'être infini. La création finie n'a donc besoin ni de négation, ni de devenir dialectique. La distinction si difficile entre déisme et panthéisme disparaît. Le problème du mal s'évanouit. Si Dieu existe, la création, entreprise de Dieu pour créer des créateurs, ne change pas d'objet.

1. *La pensée et le mouvant,* p. 27.
2. *Les deux sources de la morale et de la religion,* p. 267.

BIBLIOGRAPHIE

Bergson (H.), Essai sur les données immédiates de la conscience, Paris, 1889.
– Matière et mémoire, Paris, 1896.
– L'évolution créatrice, Paris, 1907.
– L'énergie spirituelle, Paris, 1919.
– Les deux sources de la morale et de la religion, Paris, 1932.
– La pensée et le mouvant, Paris, 1934.
– Oeuvres, Edition du centenaire, Paris, 1959.
– Mélanges, Paris, 1972.
Baer (K.E. von), Ueber Entwicklungs-geschichte der Tiere, Königsberg, 1828-1888.
– Reden, Saint Pétersbourg, 1864-1873.
Berkeley (G), Three Dialogues between Hylas and Philonous, 1713.
Descartes (R.), Méditations sur la philosophie première, Paris, 1641.
Durhkeim (E.), Les règles de la méthode sociologique, Paris, 1895.
Fichte (J.G.), Grundlage der gesamten Wissenschaftslehre, Leipzig, 1794.
– Die Bestimmung des Menschen, Berlin, 1800.
Gilson (Etienne), The Unity of Philosophical Experience, New York, 1937.
– Jean Duns Scot, Paris, 1952.
– History of Christian Philosophy in the Middle Ages, New York, 1955.
– D'Aristote à Darwin et retour, Paris, 1971.
Gouhier (H.), Bergson et le Christ des Evangiles, Paris, 1961.
Hamilton (Sir W.), Lectures on Metaphysics and Logic, Londres, 1878.
Hegel (G.W.F.), Differenz des Fichte'schen und Schelling'schen Systems der Philosophie, Iena, 1801.
– Phänemenologie des Geistes, Bamberg, 1807.
– Wissenschaft der Logik, Nuremberg, 1812, 1813, 1816.
– Grundlinien der Philosophie des Rechts, Berlin, 1821.
– Encyclopädie der philosophischen Wissenschaften, 3e ed., Heidelberg, 1830.
Heidegger (M.), Sein und Zeit, 8e éd., Tübingen, 1957.
Hyppolite (J.), Genèse et structure de la Phénoménologie de l'esprit de Hegel, Paris, 1946.
Jankélévitch (V.), Henri Bergson, Paris, 1959.
Kant (I.), Kritik der reinen Vernunft, Riga, 1781, 2e ed., 1787.
Leibniz (G.W.), De la nature en elle-même, 1698.
– La monadologie, 1714.
– Recueil de lettres entre Leibniz et Clarke, 1715-1716.
– Oeuvres philosophiques de Leibniz, ed. Paul Janet, 2 vol., Paris, 1866.

Locke (J.), Essay on the Human Uncerstanding, Londres, 1690.
Mann (Th.), Buddenbrooks, 1901.
– Der Zauberberg, Berlin, 1924.
Mossé-Bastide (R.M.), Bergson et Plotin, Paris, 1959.
Platon, Parménide.
Poulet (G.), Etudes sur le temps humain, Paris, 1950.
Ravaisson (F.), De l'habitude, Paris, 1838.
Schelling (F.W.J.), Von der Weltseele, Hambourg, 1798.
– System des transzendentalen Idealismus Tübingen, 1800.
– Philosophische Untersuchungen über das Wesen der menschlichen Freiheit und die damit zusammenhängenden Gegenstände, 1809, 1869.
Schopenhauer (A.), Die Welt als Wille und Vorstellung, Leipzig, 1819, 2e vol. 1844.
– Parerga und Paralipomena, Berlin, 1851.
Solov'ev (V.), Filosofskie nacala cel'nogo znanija, Saint Pétersbourg, 1877.
– Kritika orvlecennych nacal, 1880.
Spencer (H.), Social Statics, Londres, 1851.
– A System of Synthetic Philosophy : First Principles, Londres, 1862... The Principles of Biology, Londres, 1864.
– Essays, Londres, 1868-1875.
Spinoza (B.), Ethica, Amsterdam, 1677.
Theau (J.), La critique bergsonienne du concept, Paris, 1968.
Thomas d'Aquin, Summa Theologica, 1266-1273.
Tolstoï (L.), Vojna i mir, Moscou, 1664-1869.
Tönnies (F.), Gemeinschaft und Gesellschaft, Leipzig, 1887, 1935.